필수 어원을 만화로 잡는
4컷 영단어

GOGEN TO MANGA DE EITANGO GA OMOSHIROI HODO OBOERARERU HON
©Gaku Hijii 2019
First published in Japan in 2019 by KADOKAWA CORPORATION, Tokyo.
Korean translation rights arranged with KADOKAWA CORPORATION, Tokyo through JM Contents Agency Co.

이 책의 한국어판 저작권은 저작권자와의 독점계약으로 도서출판 THE북에 있습니다.
저작권법에 의해 한국 내에서 보호를 받는 저작물이므로 무단전재와 무단복제를 금합니다.

히지이 가쿠

더북에듀

 **그럼 시작해 볼까?**

영어를 배울 때 가장 중요하면서도 힘든 일이 영어 단어를 암기하는 것이다. 가장 중요한 과정이지만 많은 학습자가 힘겨워하다가 끝내 좌절하고 마는 과정이기도 하다.

이 책은 고통스럽기 그지없던 영어 단어 암기를 어원과 일러스트를 통해 재미있게 학습하여 오래 기억할 수 있도록 만들어 보자라는 마음으로 만들었다.

각 단어마다 어원의 의미에 부합하는 이야기와 일러스트를 넣어 영어 단어 공부에 깊이와 활기를 불어넣었다.

이제 기존의 지루하고 딱딱한 영어 단어 학습법과는 인사를 하자. 이 책을 통해 어원에서 파생한 단어의 의미를 이해하고 학습하는 것이 얼마나 즐겁고 효율적인지를 점차 알아가기를 바란다.

히지이 가쿠

CONTENTS

필수 어원을 만화로 잡는
4컷 영단어

그럼 시작해 볼까? — 4

이 책의 특징 — 12

CHAPTER ① 단어를 정리하여 외우자!

(theme 1) spir 숨 쉬다 — 16
(theme 2) spect 보다 — 18
COLUMN 01 inspire vs expire — 21
(theme 3) sta 서다, 세우다 — 22
(theme 4) medi 중간 — 24
(theme 5) dict 말하다 — 26
(theme 6) cult 경작하다 — 28
(theme 7) fin 끝, 경계 — 30
(theme 8) viv 살다 — 32
(theme 9) nov 새로운 — 34
(theme 10) voc 부르다, 목소리 — 36
(theme 11) prim 첫 번째의, 최초의 — 38
(theme 12) man 손 — 40

(theme 13) port 운반하다, 항구 —— 42
COLUMN 02 쉽게 바꿔서 외워 보자 동사편 —— 45

CHAPTER ② 단어의 머리부터 외우자!

(theme 1) in 안에 —— 48
(theme 2) pre / pro 앞에, 미리 —— 50
(theme 3) com 함께 —— 52
(theme 4) ex 밖으로 —— 54
(theme 5) re 뒤로, 다시 —— 56
(theme 6) de 아래로 —— 58
(theme 7) trans 가로질러 —— 60
(theme 8) inter 사이에, 서로 —— 62
(theme 9) uni 하나 —— 64
(theme 10) mono 하나, 혼자 —— 66
(theme 11) tri 셋 —— 68
(theme 12) dis 반대의, 부정, 떨어져 —— 70
(theme 13) en 하게 만들다 —— 73
COLUMN 03 '별'을 뜻하는 aster와 astro —— 75

CHAPTER ③ 단어의 꼬리부터 외우자!

- (theme 1) en 하게 만들다 —— 78
- (theme 2) form 형태 —— 80
- (theme 3) ject 던지다 —— 82
- (theme 4) pend 매달다 —— 84
- (theme 5) scrib 적다 —— 86
- (theme 6) pos 놓다 —— 88
- COLUMN 04 object의 3가지 뜻과 서스펜더 —— 91
- (theme 7) press 누르다 —— 92
- (theme 8) tract 끌다 —— 94
- (theme 9) cede 가다 —— 96
- (theme 10) rupt 깨다 —— 98

CHAPTER ④ 단어를 세 개의 세트로 외우자!

- (theme 1) ab 떨어져 —— 102
- (theme 2) able 할 수 있는 —— 104
- (theme 3) ambi 양쪽의, 주변의 —— 106
- (theme 4) ant ~하는 사람 —— 108

| theme 5 | auto 스스로 — 110
| theme 6 | clud 닫다 — 112
| theme 7 | duc 이끌다 — 114
| theme 8 | equ 같은 — 116
| theme 9 | flu 흐르다 — 118
| theme 10 | gress 가다 — 120
| theme 11 | labor 일 — 122
COLUMN 05   Where is a lavatory? — 124
COLUMN 06   쉽게 바꿔서 외워 보자 형용사편 — 125
| theme 12 | sign 표시 — 126
| theme 13 | sist 서다 — 128
| theme 14 | sub 아래로 — 130
| theme 15 | vac 빈 — 132
| theme 16 | vel 싸다, 덮다 — 134
| theme 17 | vert 돌리다 — 136
| theme 18 | vis 보다 — 138
| theme 19 | volv 돌다 — 140
COLUMN 07   vacation? vocation! — 142
COLUMN 08   resistance? valve? revolver? revolution? — 143

CHAPTER ⑤ 단어를 두 개의 세트로 외우자!

(theme 1) ann 해마다 —— **146**
(theme 2) cast 던지다 —— **147**
(theme 3) clar 분명한 —— **148**
(theme 4) clos 닫다 —— **149**
(theme 5) courage 용기 —— **150**
(theme 6) custom 습관 —— **151**
(theme 7) dome 돔 —— **152**
(theme 8) ee 당하는 사람 —— **153**
(theme 9) firm 확실한 —— **154**
(theme 10) flect 구부리다 —— **155**
(theme 11) force 힘 —— **156**
(theme 12) fus 붓다 —— **157**
(theme 13) just 올바른 —— **158**
(theme 14) min 작은 —— **159**
(theme 15) mount 산 —— **160**
(theme 16) opt 선택하다 —— **161**
(theme 17) part 부분 —— **162**
(theme 18) path 느끼다 —— **163**
(theme 19) pet 추구하다 —— **164**
(theme 20) ped 발 —— **165**
(theme 21) prehend 잡다 —— **166**

(theme 22) preci 가격 —— 167
(theme 23) quir 구하다 —— 168
(theme 24) sent 느끼다 —— 169
(theme 25) sum 취하다 —— 170
(theme 26) tect 덮다 —— 171
COLUMN 09 ad를 무시하면 모든 게 보인다고? —— 172
COLUMN 10 쉽게 바꿔서 외워 보자 부사편 —— 173

CHAPTER 6 단어를 한 개씩 외우자!

(theme 1) 숨어 있는 단어 찾기 —— 176
(theme 2) 분해하기 —— 190
(theme 3) 역사 펼쳐 보기 —— 198
COLUMN 11 쉽게 바꿔서 외워 보자 명사편 —— 205
(theme 4) 발음으로 외워 보기 —— 206

INDEX —— 213
마무리하며 —— 222

- 명 명사   동 동사   형 형용사   부 부사
- 명접 명사형 접미사   동접 동사형 접미사   형접 형용사형 접미사   부접 부사형 접미사

이 책의 특징

모든 단어를 어원에 따라 4컷 만화로!

이 책에서는 모든 단어를 4컷 만화로 구성했다. 어원을 기반으로 단어 하나하나에 이야기를 담아냈으니 아주 쉽게 영어 단어를 이해하고 암기할 수 있을 것이다. 이제 무미건조하고 지루한 영어 단어 공부는 그만!

모든 단어에 표현력을 넓힐 수 있는 예문 수록

각 단어마다 짧고 사용 빈도가 높으며 가능한 한 긍정적인 표현으로 엄선한 예문을 실었다. 예를 들어 '~를 우울하게 하다'라는 뜻의 depress에는 Don't be so depressed.(그렇게 우울해하지 마.)처럼 읽을수록 힘이 나는 표현을 실었다.

풍부한 영어 단어 칼럼

　책을 마지막 페이지까지 술술 읽을 수 있도록 영어 단어 칼럼을 다양하게 준비했다. 소설책 읽듯 술술 읽다 보면 어느새 영어 단어가 아주 명확하게 머릿속에 각인될 것이다.

 ### 쉬운 단어에서 어려운 단어로!

　이미 알고 있는 쉬운 영어 단어부터 시작해서 낯선 영어 단어까지 빠르게 적응할 수 있도록 학습 단계를 설계했다. 이제 새로운 영어 단어로 어휘력을 폭발시키길 바란다.

 ### 필수 단어 333개

　4컷 만화나 어원을 통해서 효과적으로 영어 단어를 외우게 되는 것이 이 책의 궁극적인 목적이다. 그와 동시에 일상 영어 회화뿐 아니라 준비하는 어떤 영어 시험에도 대비할 수 있도록 사용 빈도 높은 영어 단어만 고르고 골라 실었다.

CHAPTER 1

단어를 정리하여 외우자!

Chapter 1은 하나의 어원으로 다양한 단어를 한 번에 정리하여 외울 수 있는 장이다. 단어의 실질적인 의미를 나타내는 어근을 중심으로 다양한 단어를 관련지어 학습해 보자.

Chatper1의 음원 재생 및 다운로드

theme 1　spir 숨 쉬다

1. spirit [spírit]

명 정신, 영혼

성경에는 신이 흙으로 빚은 인간 모형에 자신의 숨을 불어넣어 인간을 창조했다고 나와 있다. 이 신의 숨을 '정신'이라고 부르게 되었다.

예 the frontier **spirit** 개척자 정신

2. inspire [inspáiər]

동 고무하다, 격려하다

[in 안으로+spir(e) 숨 쉬다 ⇒ 안으로 숨을 불어넣다] 사람의 몸 안에 신의 숨(생명의 근원)을 불어넣어 생기를 주는 것은 그 사람을 '고무하는' 것이다.

예 **inspire** the team 그 팀을 고무하다

3. expire [ikspáiər]

🔴 **기한이 끝나다, 만료되다**

[ex 밖으로+(s)pir(e) 숨 쉬다 ⇒ 숨이 다 빠져나가다] 생명의 근원인 신의 숨이 다 빠져나가는 것은 사람이 '죽는' 것이다. 계약에서 죽는 것은 기한이 '만료되는' 것이다.

예 My visa **expires** tomorrow.
내 비자는 내일 만료된다.

4. conspire [kənspáiər]

🔴 **음모를 꾸미다, 공모하다**

[con 함께+spir(e) 숨 쉬다 ⇒ 함께 숨 쉬다] 함께 숨 쉬는 것은 호흡을 맞추는 것으로, 즉 서로 협력하는 것이다. 주로 나쁜 일을 꾸미거나 공모할 때 쓰인다.

예 **conspire** with each other 두 사람이 공모하다

theme 2   spect 보다

5 respect [rispékt]

동 존경하다, 존중하다   **명** 존경, 존중

[re 뒤로+spect 보다 ⇒ 다시 뒤돌아보다] 뒤로 돌아 다시 볼 정도로 가치 있는 사람은 '존경하는' 사람일 것이다.

예) **Respect** yourself.   자존심을 가져라.

6 expect [ikspékt]

동 기대하다, 예상하다

[ex 밖으로+(s)pect 보다 ⇒ 밖을 내다보다] 집 안에서 누군가를 기다리며 창밖을 내다보는 모습은 바로 무언가를 '기대하는' 모습이다.

예) I **expect** you to succeed.
　　나는 네가 성공하기를 기대한다.

동 조사하다, 점검하다

[in 안으로+spect 보다 ⇒ 안을 들여다보다] 공장 등의 안을 들여다보는 것은 그 공장을 '조사하는' 것이다.

예 **inspect** the situation 상황을 조사하다

명 (장래의) 전망, 가망, 기대

[pro 앞으로+spect 보다 ⇒ 앞을 내다봄] 자신의 10년 후 모습을 내다보는 것은 자신의 장래를 '전망'하는 것이다.

예 the **prospect** of marriage 결혼 전망

9 perspective [pərspéktiv]

명 관점, 시각, 견해

[per 두루+spect 보다+ive 명접 ⇒ 전체를 두루 봄] 경기의 전체적인 모습을 두루 보는 것은 그 경기에 대한 자신의 '관점'을 가지는 것이다.

예 a fresh **perspective** on life
인생에 대한 새로운 관점

10 spectator [spékteitər]

명 관중

[spect 보다+at(e) 동접+or 명접 ⇒ 보는 사람] 야구나 축구 등의 경기를 지켜보는 사람을 '관중'이라고 한다.

예 **spectators** at K1 League K1 리그의 관중

COLUMN 01

inspire vs expire

영어 단어 칼럼을 통해 지금까지 나온 단어를 제대로 머릿속에 담기 위해 조금 더 설명을 덧붙이겠다.

단어 002의 inspire는 '고무하다', '격려하다', '영감을 주다'라는 뜻으로, 일본의 한 기업에서 Inspire the Next라는 문구로 광고를 한 적이 있다. the Next는 '다음 세대'를 가리키므로 '다음 세대에 영감을 주어라', 즉 '다음 세대에 새로운 바람을 일으켜라'라는 의미로 받아들일 수 있다.

록 밴드 Chicago가 부른 You're the Inspiration이라는 노래가 있다. inspiration은 inspire의 명사형으로 '영감', '영감을 주는 것(사람)'이라는 뜻이다. 영감을 신의 속삭임에서 솟아 나오는 이미지라고 생각해 보면 어떨까?

단어 003의 expire는 앞서 배운 대로 '기한이 끝나다', '만료되다'라는 뜻으로, inspire의 반대말이다. '숨이 다 빠져나가다'라는 어원 의미 그대로 expire는 '숨을 거두다'라는 뜻도 가진다. 즉, expire peacefully는 '편안하게 죽다'가 된다. expiration은 expire의 명사형으로, '식품이나 약 등의 유통 기간'을 나타낼 때 expiration date로 쓰인다.

theme 3 sta 서다, 세우다

11. distance [dístəns]

명 거리

[di 떨어져+sta 서다+(a)nce 명접 ⇒ 떨어져 서 있음] 자신이 있는 곳에서 누군가가 멀리 떨어져 서 있다면 그 사람과의 '거리가 있다는 것이다.

예) at a safe **distance** 안전한 거리를 두고

12. stable [stéibl]

형 안정된, 안정적인

[sta 서다+(a)ble 할 수 있는 ⇒ 계속 서 있을 수 있는] 흔들리는 버스 안에서도 넘어지지 않고 계속 서 있을 수 있다면 이는 '안정적인' 상태인 것이다.

예) a **stable** economy 안정된 경제

동 설립하다, 확립하다

[(e)stabl(e) 안정적인+ish 동접 ⇒ 안정적으로 서게 하다] stable에 동사형 접미사 -ish가 붙어 '세우다'라는 의미가 되었다. 단체를 세우는 것은 '설립하는' 것이고, 제도나 질서를 세우는 것은 '확립하는' 것이다.

예 This school was **established** in 1981.
이 학교는 1981년에 설립되었다.

명 장애, 장애물

[ob 반대하여+sta 서다+cle 명접 ⇒ 반대 방향으로 서 있는 것] 누군가 지나가는 길에 반대로 막고 서 있는 것을 '장애물'이라고 한다.

예 get over an **obstacle** 장애물을 극복하다

theme 4 — medi 중간

15 Mediterranean [mèdətəréiniən]

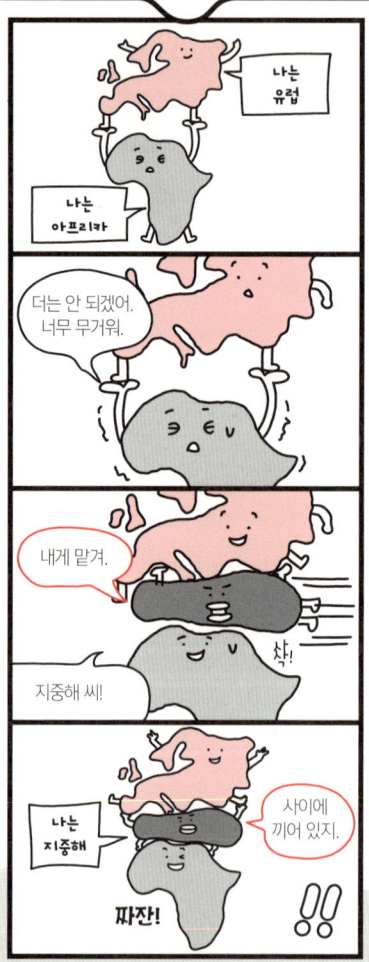

16 medieval [mìːdíːvəl]

형 지중해의

[Medi 중간+terra(ne) 땅+an 형접 ⇒ 땅 중간에 있는] 유럽 대륙과 아프리카 대륙 중간에 있는 바다는 '지중해'이다.

예 a **Mediterranean** country 지중해 국가

형 중세의

[medi 중간+ev 시대+al 형접 ⇒ 중간에 있는 시대의] 고대와 근대의 중간에 있는 시대는 '중세'이다.

예 in **medieval** times 중세 시대에

17 immediate [imíːdiət]

형 즉각적인, 직접적인

[im 부정+medi 중간+ate 형접 ⇒ 중간에 끼어든 것이 없는] 중간에 끼어든 것이 없으면 공백이 짧거나 없을 수 있다는 의미이다. 시간적 공백이 없으면 '즉각적인', 관계적 공백이 없으면 '직접적인' 것이 된다.

예) an **immediate** reply 즉각적인 대답

18 medium [míːdiəm]

명 매체, 미디어 형 중간의

[medi 중간+um 명접 ⇒ 중간의 것] 정보와 대중을 중간에서 연결해주는 TV, 신문, 인터넷 등을 '매체'라고 한다.

예) the most powerful **medium**
가장 강력한 매체

theme 5 — dict 말하다

19. dictionary [díkʃənèri]

명 사전

[dict 말하다+ion 명접+ary 명접 ⇒ 말에 관한 책]
'사전'은 말에 관한 책으로, 일정한 순서로 배열된 단어와 그 표기법, 발음, 의미와 용례 등을 설명한 책이다.

예) look up a word in a **dictionary**
   사전에서 단어를 찾다

20. dictate [díkteit]

동 받아쓰게 하다, 명령하다, 지시하다

[dict 말하다+ate 동접 ⇒ 말해서 시키다] 다른 사람이 글로 '받아쓰도록' 말하는 것이다. 다른 사람이 어떤 일을 실행하도록 말로 '명령하거나' '지시할' 때도 쓰인다.

예) **dictate** in English 영어로 받아쓰게 하다

[pridíkt]
predict

[kà:ntrədíkt]
contradict

🔴 통 예언하다, 예측하다, 예상하다

[pre 미리+dict 말하다 ⇒ 미리 말하다] 앞으로 일어날 일을 미리 짐작하여 말하는 것은 '예언하는' 것이다.

예) **predict** the future 미래를 예언하다

🔴 통 반박하다, 모순되다

[contra 반대하여+dict 말하다 ⇒ 반대로 말하다] 다른 사람의 의견에 반대로 말하는 것은 '반박하는' 것이다. 자신이 했던 말과 반대로 말하는 것은 '모순되는' 것이다.

예) Don't **contradict** your words.
네가 한 말과 모순되게 말하지 마.

theme 6   cult 경작하다   [변화형 colon]

23 culture [kʌ́ltʃər]

명 문화

[cult 경작하다+ure 명접 ⇒ 자라난 것] culture는 원래 서양에서 사상, 예술, 도덕, 종교 등 인간의 정신적인 생활과 관련된 말이다. 인간의 정신과 마음을 가꾸고 경작한 데서 '문화'라는 뜻이 되었다.

예 youth **culture** 청년 문화

24 cultivate [kʌ́ltəvèit]

동 경작하다, 재배하다, 돈독하게 하다

[cult 경작하다+iv(e) 형접+ate 동접 ⇒ 경작하다, 재배하다] 실제로 논밭을 '경작하다', 식물을 '재배하다', 친구와의 우정을 '돈독하게 하다'라는 뜻으로 쓰인다.

예 **cultivate** the ground 땅을 경작하다

[ǽgrəkʌltʃər]

25 agriculture

[kάləni]

26 colony

CHAPTER 1
단어를 정리하여 외우자!

명 농업

[agri 밭+cult 경작하다+ure 명접 ⇒ 밭을 경작하는 것] 밭을 경작하는 것을 '농업'이라고 한다.

예 use few chemicals in **agriculture**
농업에서 화학 비료를 거의 사용하지 않는다

명 식민지

어원은 col(경작한 땅)이다. 주로 서양의 여러 나라 등이 미개척지에 정착하여 경작한 땅을 '식민지'라고 한다.

예 the American **colonies** 미국의 식민지

29

theme 7   fin 끝, 경계

[fain]

[difáin]

🔴 명 **벌금** 형 **좋은, 건강한**

분쟁을 종결하기 위해 돈을 내는 것에서 '벌금'이 유래했다. 옛날에는 전쟁이 끝나면 패전국이 배상금을 냈고, 현대에도 재판이 끝나면 패소자가 배상금을 낼 때가 있다.

- 예 avoid a **fine** for speeding
  속도위반 벌금을 피하다

🔴 동 **정의하다, 규정하다**

[de 완전히 + fin(e) 경계 ⇒ 완전히 경계를 정하다] 다른 대상과 개념의 경계를 완전히 정하여 그 뜻을 명확하게 밝히는 것을 '정의하다'라고 한다.

- 예 **define** the concept of freedom
  자유의 개념을 정의하다

[ínfənət]

infinite

형 무한한

[in 부정+fin 끝+ite 형접 ⇒ 끝나지 않는] 한계가 없고 끝없이 이어지는 것은 '무한한' 것이다.

예 The universe is **infinite**. 우주는 무한하다.

[kənfáin]

confine

동 (장소에) 가두다, 제한하다

[con 함께+fin(e) 경계 ⇒ 모두 경계 안에 있게 하다] 경계를 정해 놓고 모두 다 그 안에만 있게 하는 것은 '가두는' 것이다.

예 Don't **confine** yourself to your room.
네 방에 틀어박혀 있지 마.

theme 8   viv 살다

31   survive   [sərváiv]

32   revive   [riváiv]

동 살아남다, 잘 이겨 내다

[sur 넘어서+viv(e) 살다 ⇒ 넘어서 살다] 힘든 고비 등을 넘어서 사는 것은 '살아남는' 것이다.

㈜ **survive** the crisis
위기에서 살아남다, 위기를 잘 이겨 내다

동 소생시키다, 되살아나다, 되살아나게 하다

[re 다시+viv(e) 살다 ⇒ 다시 살아나다] 거의 죽어 가는 사람을 다시 살아나게 하는 것은 그 사람을 '소생시키는' 것이다.

㈜ The custom **revived** after the festival.
그 관습은 축제 후에 되살아났다.

형 (원기) 왕성한, 정력적인, 적극적인

어원은 vig(활기차게 살다)이다. 기운찬 활동을 할 수 있는 힘이 넘치는 사람을 우리는 '정력적인' 사람이라고 한다.

예 **vigorous** efforts 적극적인 노력

형 생생한, 선명한

[viv 살다+id 형접 ⇒ 살아 있는 듯한] 과거의 일이 눈앞에 살아 움직이듯 선명하다는 것은 그 기억이 '생생한' 것이다.

예 **vivid** memories 생생한 기억

theme 9   nov 새로운

형 새로운, 참신한 명 소설

소설(novel)이 처음 등장했을 당시, a novel story(새로운 이야기)를 '소설'이라고 불렀다. 시간이 흐르면서 뒤의 story는 사용하지 않게 되고, novel이 '소설'을 뜻하게 되었다.

예 a **novel** idea 참신한 생각

명 혁신, 쇄신

[in 안에+nov 새로운+ation 명접 ⇒ 안에서부터 새롭게 함] 낡은 것을 버리고 새로운 것을 받아들여 안에서부터 새롭게 바꾸는 것을 '혁신'이라고 한다.

예 technical **innovation** 기술 혁신

37 renovation [rènəvéiʃən]

🟥 명 보수, 개조

[re 다시+nov 새로운+ation 명접 ⇒ 다시 새롭게 만듦] 낡은 건물을 다시 새롭게 고치는 것은 그 건물을 '보수'하는 것이다.

예 the **renovation** of the office 회사의 보수

38 novice [návis]

🟥 명 초보자, 풋내기

[nov(ice) 새로운 ⇒ 새로운 사람] 새로 들어온 사람으로, 경험이 없어 기초부터 배워야 하는 사람을 '초보자'라고 한다.

예 a **novice** at cooking 요리 초보자

theme 10 · VOC 부르다, 목소리 [변화형 vok]

39 vocabulary [voukǽbjulèri]

명 어휘

[voc 부르다+abul 작은 것+ary 명접 ⇒ 이름을 부르는 것] '단어의 목록'이라는 뜻의 라틴어 vocabularium에서 유래한 것으로, 자신이 어떤 것을 부르거나 말하기 위해 사용하는 단어 전체를 '어휘'라고 한다.

예 He has a large English **vocabulary**.
그는 영어 어휘가 풍부하다.

40 advocate [ǽdvəkèit]

동 주장하다, 옹호하다

[ad ~에게+voc 목소리+ate 동접 ⇒ ~에게 목소리를 내다] 대중에게 자신의 목소리를 내는 것은 대중에게 자신의 의견을 '주장하는' 것이다.

예 **advocate** freedom of speech
언론의 자유를 주장하다

41 provoke [prəvóuk]

동 도발하다, 화나게 하다, 유발하다

[pro 앞으로+vok(e) 부르다 ⇒ 앞으로 불러내다] 가만히 있는 사람을 자꾸 앞으로 불러내는 것은 그 사람을 '도발하는' 행동이다.

예 Don't **provoke** others.
다른 사람들을 도발하지 마.

42 vocation [voukéiʃən]

명 천직, 직업, 소명

[voc 부르다+ation 명접 ⇒ 신이 부르는 음성] 신의 음성에 따라 정해진 직업은 '천직'이다.

예 find a **vocation** 천직을 찾다

theme 11 — prim 첫 번째의, 최초의 [변화형 prin]

43 primary [práiməri]

형 주요한, 초등의

'첫 번째의'를 의미하는 어원 prim에서 첫 번째로 중요한, 즉 '주요한'이라는 뜻이 되었다. primary school은 첫 번째 학교인 '초등학교'라는 뜻이다.

예) set a **primary** goal 주요한 목표를 세우다

44 primitive [prímətiv]

형 원시(시대)의, 원시적인

[prim(it) 최초의+ive 형접 ⇒ 역사상 최초의] 인류가 형성한 최초의 사회는 '원시' 사회이다.

예) a **primitive** man 원시인

명 왕자

[prin(ce) 첫 번째의 ⇒ 첫 번째로 차지하는 자] 첫 번째로 왕이 될 기회를 차지하는 자는 계승 순위 1위인 '왕자'이다.

예) bow to the **prince**
왕자에게 허리를 굽혀 인사하다

명 교장, 학장 형 주요한, 주된

[prin 첫 번째의+cip 차지하다+al 형접 ⇒ 첫 번째 자리를 차지하는] 학교에서 행정적으로 가장 높은 자리인 첫 번째 자리를 차지하는 사람은 '교장' 선생님이다.

예) the **principal** of the school
그 학교의 교장

theme 12　man 손　[변화형 mani]

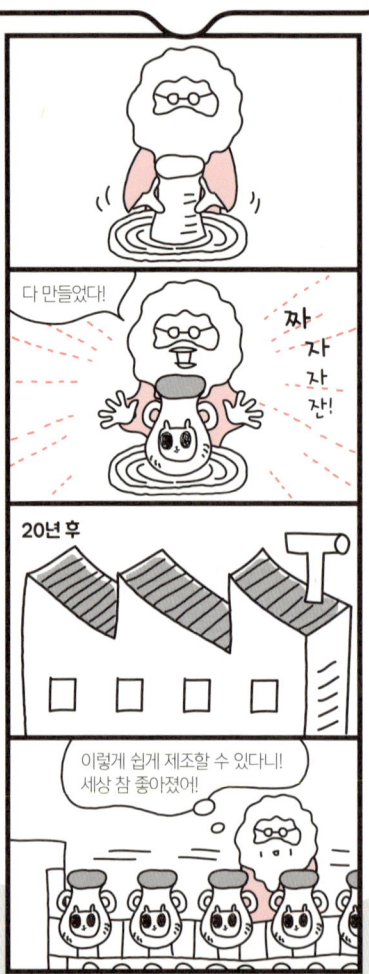

⑧ 경영하다, 관리하다

[man(age) 손 ⇒ 손으로 다루다] 원래 손으로 사나운 말을 다룬다는 데서 의미가 확장되어 회사 등을 '경영하다'라는 뜻이 되었다.

예 **manage** a company 회사를 경영하다

⑧ 제조하다, 생산하다　⑲ 제조, 생산

[man(u) 손+fac(t) 만들다+ure 명접 ⇒ 손으로 만들기] 과거에는 사람이 손으로 만드는 것을 물품을 '제조'하는 것이라고 하였지만 현대에는 기계나 로봇 등에 의해 대량으로 만드는 것을 물품을 '제조'하는 것이라고 한다.

예 **manufacture** various products
　　다양한 제품을 제조하다

49 manipulate [mənípjulèit]

동 조종하다, 조작하다

[mani 손+pul 가득 찬+ate 동접 ⇒ 손에 쥐고 다루다] 어떤 것을 손안에 넣고 다루는 것은 자신의 이익을 위해 사람을 부정하게 '조종하거나' 사실을 '조작하는' 것이다.

예 **manipulate** public opinion
여론을 조작하다

50 manifest [mǽnəfèst]

형 명백한, 분명한

[mani 손+fest 잡히다 ⇒ 손에 잡히는] 도둑질을 한 사람을 그 자리에서 손으로 붙잡았다면 이는 그 사람이 현행범이라는 '명백한' 증거가 된다.

예 a **manifest** mistake 명백한 과오

theme 13 — port 운반하다, 항구

51. import
동 [impɔ́ːrt] 명 [ímpɔːrt]

동 **수입하다** 명 **수입, 수입품**

[im 안으로+port 운반하다 ⇒ 안으로 운반하다] 미국에서 대량의 밀가루를 한국 안으로 운반하는 것은 밀가루를 '수입하는' 것이다.

예) the **import** of flour 밀가루 수입

52. export
동 [ikspɔ́ːrt] 명 [ékspɔːrt]

동 **수출하다** 명 **수출, 수출품**

[ex 밖으로+port 운반하다 ⇒ 나라 밖으로 운반하다] 한국에서 대량의 자동차를 한국 밖으로 운반하는 것은 자동차를 '수출하는' 것이다.

예) The nation **exports** rice.
그 나라는 쌀을 수출한다.

53 report [ripɔ́ːrt]

동 보도하다, 보고하다 **명** 보도, 보고(서)

[re 다시+port 운반하다 ⇒ 정보를 다시 운반하다]
현장에서 얻은 정보를 다시 운반하여 뉴스 방송으로 대중들에게 알리는 것은 뉴스를 '보도하는' 것이다.

예) The **report** is true. 그 보고는 사실이다.

54 transport 동 [trænspɔ́ːrt] 명 [trǽnspɔːrt]

동 수송하다, 운송하다 **명** 수송, 운송

[trans 가로질러+port 운반하다 ⇒ 가로질러 운반하다]
홋카이도에서 오키나와까지 바다를 가로질러 운반하는 것을 '수송하다'라고 한다.

예) **transport** goods to London by plane
런던까지 비행기로 상품을 수송하다

55 support [səpɔ́:rt]

동 지탱하다, 지지하다, 부양하다

[sup 아래에서+port 운반하다 ⇒ 아래에서 위로 운반하다] 아래에서 무거운 물건을 운반하는 것은 위의 무게를 '지탱하는' 것이다. 떠받치고 있는 존재를 '지지하거나' '부양할' 때도 쓰인다.

예 **support** a family 가족을 부양하다

56 opportunity [ὰpərtjú:nəti]

명 (좋은) 기회, 호기

가운데에 port(항구)가 숨어 있다. 옛날에는 항구에서 바다로 바람이 불 때가 배를 타고 나갈 수 있는 좋은 '기회'였다.

예 the **opportunity** of a lifetime
일생일대의 기회

COLUMN 02

쉽게 바꿔서 외워 보자
동사편

고등학생 때 암기한 단어 중에 admire가 있었다. 그때는 철자를 외우기에 바빠 이 단어의 진정한 뜻을 알지 못했다. 우리말로 '감탄하다'라는 뜻이 내게 와닿지 않았기 때문일지도 모르겠다. 일상생활에서 흔히 사용하는 단어가 아니라는 이유를 핑계로 대 본다.

하지만 admire가 아주 쉬운 두 단어의 뜻을 합친 단어임을 알게 되었을 때는 그 뜻이 머릿속에 쏙~하고 들어왔다. admire는 respect(존경하다)와 like(좋아하다)의 뜻이 합쳐진 동사로, '감탄하다', '존경하다'라는 뜻을 가진다. '어떤 일을 잘하는 사람을 좋아하고 닮고 싶어하다, 즉 존경하다'라는 것이다.

그 밖에도 provide(공급하다), purchase(구입하다), initiate(개시하다) 등 언뜻 보기에 어려워 보이는 단어라도 비슷하지만 쉬운 단어로 바꿔 외울 수 있다. provide는 give(주다), purchase는 buy(사다), 그리고 initiate는 start(시작하다)로 바꿀 수 있다. 참고로 purchase는 집이나 토지 등 고가의 물건을 구입할 때 종종 쓰인다. maintain(유지하다), obtain(획득하다)도 각각 keep, get으로 바꿔 외울 수 있다.

마지막으로 require(필요로 하다)는 need, inquire(요구하다)는 ask와 같은 뜻으로 바꿔 외울 수 있다.

단어의 머리부터 외우자!

Chapter 2에서는 단어의 머리 부분에 붙는 표현을 중심으로 단어를 학습해 보자.

Chatper2의 음원 재생 및 다운로드

theme 1 — in 안에 [변화형 im]

57 income [ínkʌm]

명 수입, 소득

[in 안에+come 오다 ⇒ 안으로 들어오는 것] 열심히 일해서 번 돈이 집 안으로 들어오는 것을 '수입'이라고 한다.

예) have a considerable **income**
상당한 수입이 있다

58 insight [ínsàit]

명 통찰력

[in 안에+sight 보기 ⇒ 안을 들여다 보는 것] 사람의 겉모습이 아닌 내면을 들여다 볼 수 있는 힘을 '통찰력'이라고 한다.

예) a person of great **insight**
깊은 통찰력을 가진 사람

59 incline [inkláin]

동 **마음이 내키다, ~하는 경향이 있다**

[in 안에+clin(e) 기울다 ⇒ 마음이 안으로 기울다] 어떤 것이 자신의 마음 안쪽으로 기운다는 것은 자신이 하고 싶은 마음이 생기는 것, 즉 '마음이 내키는' 것이다.

예) be **inclined** to change one's mind
마음을 바꾸려는 경향이 있다

60 imprison [imprízn]

동 **투옥하다, 감금하다**

[im 안에+prison 감옥 ⇒ 감옥 안에 넣다] 범죄자를 잡아 감옥에 집어넣는 것은 그 범죄자를 '투옥하는' 것이다.

예) **imprison** illegal immigrants
불법 이민자들을 투옥하다

theme 2   pre / pro   앞에, 미리

61   president   [prézədənt]

명 대통령, 사장

[pre 앞에+sid 앉다+ent 명접 ⇒ 앞에 앉아 있는 사람] 국가를 대표하여 맨 앞에 앉는 사람은 '대통령'이며, 회사를 대표하여 맨 앞에 앉는 사람은 '사장'이다.

예) The **president**'s speech was impressive.
    대통령의 연설은 감동적이었다.

62   prejudice   [prédʒudis]

명 편견, 선입견

[pre 미리+jud 판단하다+ice 명접 ⇒ 미리 판단을 내림] 누군가를 제대로 알기도 전에 미리 판단을 내리는 것은 그 사람에 대한 '편견'을 가지는 것이다.

예) a person free from **prejudice**
    편견 없는 사람

63 professor [prəfésər]

명 교수

[pro 앞에+fess 말하다+or 명접 ⇒ 앞에서 말하는 사람] 대학에서 학생들 앞에서 자신의 의견을 말하는 사람을 '교수'라고 한다.

예 **Professor** Smith will teach the class.
스미스 교수가 그 수업을 가르칠 것이다.

64 promote [prəmóut]

동 촉진하다, 홍보하다

[pro 앞에+mot(e) 움직이다 ⇒ 앞으로 움직이다] 자신의 물건을 앞으로 움직이는 것은 다른 물건보다 더 잘 보이게 하여 판매를 '촉진하려는' 행동이다.

예 **promote** racial harmony
인종 간의 화합을 촉구하다

theme 3   com 함께   [변화형 co]

65   [kámpəni]
company

명 회사, 일행, 친구

[com 함께+pan 빵+y 명접 ⇒ 함께 빵을 먹는 사람들] 함께 빵을 나눠 먹는 사람은 함께 일하는 동료이고, 그들이 모인 단체는 '회사'이다.

예 work for a big **company**
  대기업에서 일하다

66   [kóuwə̀ːrkər]
coworker

명 (직장) 동료

[co 함께+work 일하다+er 명접 ⇒ 함께 일하는 사람] 같은 직장이나 같은 부서에서 함께 일하는 사람을 '동료'라고 한다.

예 take good care of **coworkers**
  동료들을 소중히 돌보다

[kouάpərèit]
cooperate

[kòuigzíst]
coexist

동 협력하다, 협동하다

[co 함께+oper 일+ate 동접 ⇒ 함께 일하다] 두 사람이 함께 일해서 무언가를 해내는 것을 '협력하다'라고 한다.

예 **cooperate** with the police
경찰과 협력하다

동 공존하다

[co 함께+exist 존재하다 ⇒ 함께 존재하다] 인간과 자연이 함께 존재하는 것을 '공존하다'라고 한다.

예 **coexist** with a love of peace
평화를 사랑하는 마음과 공존하다

theme 4   ex 밖으로   [변화형 e]

69 [égzit] **exit**

70 [éksərsàiz] **exercise**

명 출구, 퇴장

[ex 밖으로+it 가다 ⇒ 밖으로 나감] 밖으로 나갈 수 있는 통로가 바로 '출구'이다.

㉠ an **exit** visa   출국 허가증

명 운동, 연습   동 운동시키다, 운동하다

[ex 밖으로+ercis(e) 가두다 ⇒ 울타리 밖으로 나감] 옛날에는 가축들이 병에 걸리지 않도록 울타리 밖에 풀어놔 '운동'을 하게 만들었다.

㉠ Swimming is good **exercise**.
    수영은 좋은 운동이다.

71 emerge [imə́ːrdʒ]

동 나타나다, 나오다

[e 밖으로+merg(e) 물에 잠기다 ⇒ 물 밖으로 나오다] 물속에 잠겨 있다가 밖으로 나오는 것은 그 모습을 드러내는, 즉 '나타나는' 것이다.

- 예 The sun **emerged** after the rain.
  비가 온 후에 해가 나왔다.

72 emit [imít]

동 (빛·열·가스 등을) 내뿜다, 방출하다

[e 밖으로+mit 보내다 ⇒ 밖으로 내보내다] 로봇이 광선을 바깥쪽으로 보내는 것을 '방출하다'라고 한다.

- 예 **emit** a beam of light
  한 줄기의 광선을 방출하다

theme 5　　re 뒤로, 다시

73. return [ritə́ːrn]

동 돌아오다, 돌아가다　**명** 돌아옴, 돌아감

[re 뒤로+turn 돌다 ⇒ 뒤로 돌아오다] 뒤를 돌아 원래 있던 곳으로 다시 오는 것은 '되돌아오는' 것이다.

예) **return** home　고향으로 돌아오다

74. restore [ristɔ́ːr]

동 회복하다, 되찾다

[re 다시+store 저장하다 ⇒ 다시 저장하다] 지친 상태에서 다시 힘을 저장하면 떨어진 체력을 '회복할' 수 있다.

예) **restore** faith　신뢰를 회복하다

75 remind [rimáind]

76 repair [ripéər]

동 상기시키다, 생각나게 하다

[re 다시+mind 마음 ⇒ 다시 마음에 떠올리다] 선생님이 학생들에게 숙제를 다시 한 번 말해주는 것은 그들로 하여금 숙제를 마음속에 떠올려 '상기시키기' 위한 것이다.

예) The song **reminds** me of happy days.
그 노래는 내게 즐거웠던 날들을 생각나게 한다.

동 수리하다 명 수리, 보수

[re 다시+pair 준비하다 ⇒ 다시 준비하다] 고장나거나 부서진 것 등을 다시 사용할 수 있도록 준비하는 것은 '수리하는' 것이다.

예) I got my camera **repaired**.
나는 카메라를 수리했다.

theme 6 de 아래로

77. decrease [dikríːs] / [díːkriːs]

동 감소하다(줄다), 감소시키다(줄이다) **명** 감소

[de 아래로+crea(se) 자라다 ⇒ 아래로 자라다] 그래프 모양이 아래로 자라는 모습이 실적이 '감소하는' 것을 나타낸다.

예 **decrease** crime 범죄를 줄이다

78. decline [dikláin]

동 감소하다, 쇠퇴하다 **명** 감소, 쇠퇴

[de 아래로+clin(e) 기울다 ⇒ 아래로 기울다] 매출 그래프에서 상승 곡선을 그리다가 하향 곡선을 그리면 이는 매출이 '감소하는' 것을 나타낸다.

예 The industry **declined** gradually.
그 산업은 서서히 쇠퇴했다.

[dispáiz]
despise

[dipázit]
deposit

🔴 **동 경멸하다, 얕보다**

[de 아래로+spis(e) 보다 ⇒ 아래로 보다] 다른 사람을 자신보다 낮추어 보거나 업신여기는 것은 그 사람을 '경멸하는' 것이다.

📝 Don't **despise** others.
　다른 사람들을 얕보지 마.

🔴 **동 두다, 예금하다** **명 예금, 보증금**

[de 아래로+pos(it) 놓다 ⇒ 아래에 두다] 자신의 계좌 아래에 모아 두는 것을 '예금하다', 그 돈을 '예금'이라고 한다.

📝 **deposit** money in a bank
　은행에 돈을 예금하다

theme 7 trans 가로질러

81 translate [trænsléit]

동 번역하다, 옮기다

[trans 가로질러+lat(e) 옮기다 ⇒ 다른 언어로 옮기다] 우리나라 소설을 다른 나라의 언어로 옮기는 것을 '번역하다'라고 한다.

예 The book is **translated** into many languages. 그 책은 많은 언어로 번역되어 있다.

82 transfer 동 [trænsfə́ːr] 명 [trǽnsfər]

동 옮기다, 전근하다, 환승하다 **명** 이동, 환승

[trans 가로질러+fer 운반하다 ⇒ 먼 장소로 가져가다] 가로질러 운반하는 것은 무언가를 멀리 '옮기는' 것이고, 가로질러 이동하는 것은 교통수단을 '환승하는' 것이다.

예 get **transferred** to the U.S. 미국으로 전근 되다

[trænsmít]
transmit

[trænzíʃən]
transition

동 전달하다, 전송하다

[trans 가로질러+mit 보내다 ⇒ 상대에게 가로질러 보내다] 어떤 것을 가로질러 보내는 것은 다른 사람에게 '전달하는' 것이다.

예 **transmit** a lovely message
사랑스러운 메시지를 전송하다

명 과도기

[trans 가로질러+it 가다+ion 명접 ⇒ 다른 상태로 가로질러 가기] 한 상태에서 다른 상태로 넘어가거나 바뀌어 가는 도중의 시기가 '과도기'이다.

예 the **transition** from child to adult
아이에서 어른으로 넘어가는 과도기

theme 8 — inter 사이에, 서로

85. interpret [intə́:rprit]

통 통역하다, (…의 의미로) 해석하다

[inter 사이에+pret 가격을 정하다 ⇒ 사이에서 가격을 설명하다] 원래 판매자와 구매자 사이에서 양측이 원하는 것을 잘 '설명하다'라는 뜻이었다. 여기서 '통역하다', '해석하다'로 뜻이 확장되었다.

예 **interpret** a smile as friendship
미소를 우정으로 해석하다

86. interfere [ìntərfíər]

통 방해하다, 간섭하다

[inter 사이에+fer(e) 치다 ⇒ 둘 사이를 치다] 두 사람 사이에 끼어들어 그들의 관계를 쳐 내는 것은 그들을 '방해하는' 것이다.

예 Don't **interfere** in private things.
사적인 일에 간섭하지 마.

87 interview [íntərvjù:]

동 면접하다, 인터뷰하다 **명** 면접, 인터뷰

[inter 서로+view 보다 ⇒ 서로 마주보다] 면접관과 지원자가 마주 앉아 서로를 보는 상황이 바로 '면접'이다.

예 How did your job **interview** go?
네 취업 면접은 어떻게 됐니?

88 interact [ìntərǽkt]

동 소통하다, 교류하다, 상호 작용하다

[inter 서로+act 행동하다 ⇒ 서로 행동하다] 서로의 생각을 주고받으며 서로에게 영향을 미치는 행동을 하는 것을 '소통하다'라고 한다.

예 **interact** well with peers
또래들과 잘 교류하다(어울리다)

theme 9 — uni 하나

89 university
[jùːnəvə́ːrsəti]

명 (종합) 대학교

[uni 하나+vers 돌리다+ity 명접 ⇒ 한 덩어리가 된 것] 학생과 교수가 하나로 모여 돌아가는 조직이 바로 '대학교'이다.

예 graduate from **university**
대학교를 졸업하다

90 unique
[juːníːk]

형 독특한, 특별한, 유일(무이)한

[uni 하나+(i)que 형접 ⇒ 하나만 있는] 이 세상에 하나만 있는 것은 보통의 것과는 확실히 다른 '독특한' 특징이 있는 것이다.

예 have a **unique** personality
독특한 개성을 지니다

[juː.nəfɔ̀ːrm]

uniform

명 제복, 유니폼 형 획일적인

[uni 하나+form 형태 ⇒ 하나의 형태] 학교에서 하나의 형태로 정한 '제복'이 교복이다.

예) wear school **uniforms** 교복을 입다

[juːnáit]

unite

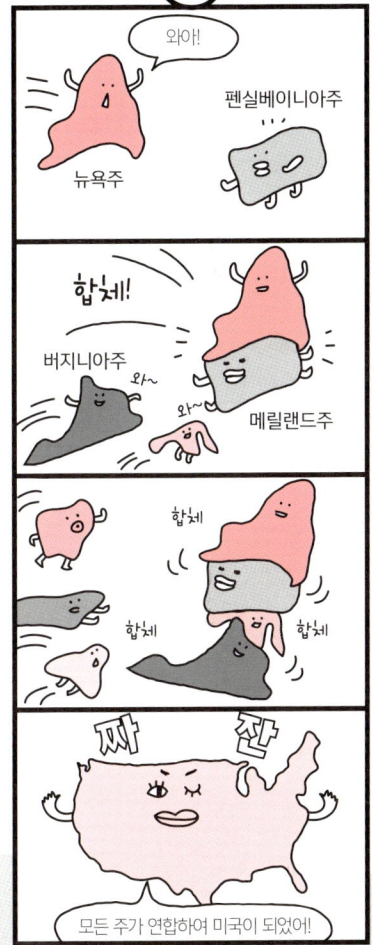

동 연합하다, 통합하다

[uni 하나+(i)te 동접 ⇒ 하나가 되다] U.S.A.는 the United States of America(미합중국)의 약자로, 여러 주가 '연합하여' 하나의 국가가 된 것에서 유래한 명칭이다.

예) **unite** into one country
하나의 국가로 연합하다

theme 10 — mono 하나, 혼자 [변화형 mon]

93 monotone [mánətòun]

단조로움

명 단조로움

[mono 하나+ton(e) 소리 ⇒ 한 가지 음조] 소리의 높낮이나 강약 없이 한 가지 음조로 말하는 것은 '단조롭게' 말하는 것이다.

예 avoid speaking in a **monotone**
단조롭게 말하는 것을 피하다

94 monarch [mánərk]

명 군주, 왕, 여왕

[mon(o) 혼자+arch 지배하다 ⇒ 혼자 지배하는 사람] 혼자서 나라 전체를 지배하는 사람은 왕과 같은 '군주'이다.

예 The **monarch** has limited powers.
그 군주는 제한된 권력을 가지고 있다.

[mənápəli]

monopoly

[mʌŋk]

monk

CHAPTER 2 단어의 머리부터 외우자!

명 **독점, 전매**

[mono 혼자+poly 팔다 ⇒ 혼자만 판매하는 것] 어떤 상품을 한 개인이나 한 단체에서 단독으로 판매하는 것을 '독점'이라고 한다.

예 have a **monopoly** of brains
우수한 인재를 독점하다

명 **수도자, 수도승**

[mon(k) 혼자 ⇒ 혼자 수행하는 사람] 속세를 떠나 산속에서 혼자 수행하는 사람을 '수도승'이라고 부른다.

예 a Buddhist **monk** 불교 수도승

theme 11　tri 셋

triumph [tráiəmf]

명 대승리, 대성공

'대승리'를 기원하며 만세를 '세 번씩 크게 외친 것'이 이 단어의 유래이다. triumph(세 번의 함성)가 '대승리'로 이어지는 것이다.

예) end in a **triumph** 대승리로 끝나다

trivial [tríviəl]

형 사소한, 하찮은

[tri 셋+via 길+(a) 형접 ⇒ 세 길이 만나는 곳의] 많은 사람들이 삼거리에서 쓸데없는 이야기를 나눈다고 하여 '사소한'이라는 뜻이 되었다.

예) Don't worry about **trivial** things.
　　사소한 일로 걱정하지 마.

[traib]
tribe

[tríbju:t]
tribute

🔴 명 부족, 종족

'세 부족(고대 로마의 라틴족, 사비니족, 에트루리아족)'이 이 단어의 유래이다. 후에 '셋(three)'이라는 의미가 사라지고 단순히 '부족'을 뜻하게 되었다.

예 a mysterious **tribe** 신비에 싸인 부족

🔴 명 선물

어원은 '세 종족이 나눠 가진 것'이다. 식량이나 보물 같은 공물을 세 부족이 나누어 가진다는 의미에서 '공물'을 뜻하게 되었다. 현대에는 공물이나 조공이 사라져서 '선물'이라는 뜻으로 쓰인다.

예 floral **tributes** 꽃 선물, (장례식·묘의) 헌화

theme 12   dis 반대의, 부정, 떨어져

[dìsəpíər]

101 disappear

[dìskÁvər]

102 discover

🔴 동 사라지다, (눈앞에서) 없어지다

[dis 반대의+appear 나타나다 ⇒ '나타나다'의 반대] '나타나다'의 반대말은 '사라지다'이다.

예 The illness **disappeared** without trace.
그 병이 흔적도 없이 사라졌다.

🔴 동 발견하다, 찾아내다

[dis 부정+cover 덮다 ⇒ 덮개를 벗기다] 덮개를 벗기면 가려져 있던 것을 '발견하게' 된다.

예 **discover** an important truth
중요한 진실을 발견하다

103 disease [dizíːz]

명 질병, 질환

[dis 반대의+ease 편안함 ⇒ '편안함'의 반대] 건강이 몸의 편안한 상태를 의미한다면 '질병'은 몸의 편안하지 않은 상태를 의미한다.

예 fight a **disease** 질병과 싸우다

104 disaster [dizǽstər]

명 재난, 재해, 재앙

[dis 떨어져+aster 별 ⇒ 별이 보이지 않음] 별을 관찰하여 미래를 점쳤던 옛날에는 별이 비구름 등에 가려져 보이지 않으면 '재난'이 일어날 징조라고 생각했다.

예 prepare for a future **disaster**
앞으로 다가올 재해에 대비하다

105 dismiss [dismís]

106 discard [diskάːrd]

🔴 동 해고하다

[dis 떨어져+miss 보내다 ⇒ 떨어진 곳으로 보내다] 직원을 회사에서 멀리 떨어진 곳으로 보내는 것은 그 직원을 '해고하는' 것이다.

예 He was recently **dismissed**.
그는 최근에 해고되었다.

🔴 동 (불필요한 것을) 버리다

[dis 떨어져+card 카드 ⇒ 카드를 멀리 던지다] 원래 카드놀이에서 자신에게 필요 없는 카드를 판에 버렸던 행위에서 '버리다'로 의미가 확장되었다.

예 **discard** an old way   낡은 방식을 버리다

theme 13 en 하게 만들다

107 enable [inéibl]

🟥동 할 수 있게 하다, 가능하게 하다

[en 하게 만들다+able 할 수 있는 ⇒ 할 수 있게 만들다] 돈을 모아 집을 사는 것처럼 어떤 일을 할 수 있게 만드는 것은 그 일을 '가능하게 하는' 것이다.

예 The money **enabled** me to buy the house. 그 돈은 내가 그 집을 살 수 있게 했다.

108 enlarge [inlάːrdʒ]

🟥동 확대하다, 늘리다

[en 하게 만들다+large 큰 ⇒ 크게 만들다] enlarge one's vocabulary는 어휘를 크게 만들다, 즉 '어휘력을 늘리다'라는 뜻이다.

예 **enlarge** one's capacity 능력을 키우다

동 위험에 처하게 하다

[en 하게 만들다+danger 위험 ⇒ 위험하게 만들다]
en에는 '하게 만들다' 뿐만 아니라 '넣다'라는 의미도 있다. 위험하게 만들다는 위험한 상황 속에 넣다, 즉 '위험에 처하게 하다'라는 뜻이다.

예 **endanger** the lives of the soldiers
군인들의 생명을 위험에 처하게 하다

동 부유하게 하다, 풍요롭게 하다

[en 하게 만들다+rich 부유한 ⇒ 부유하게 만들다]
사람이나 나라에 사용하면 '부유하게 하다', 토지에 사용하면 '비옥하게 하다'라는 뜻이다.

예 The discovery of gold **enriched** the country. 금의 발견이 그 나라를 부유하게 했다.

COLUMN 03

'별'을 뜻하는 aster와 astro

단어 104의 disaster는 '재난', '재해', '재앙'을 뜻하는 단어이다. 앞에서 설명한 것과 같이 옛날에는 사람의 미래를 알아보기 위해 밤하늘을 살펴봤다. 그러다가 별똥별 같은 별이 떨어지면 큰 인물이 죽거나 큰 이변이 발생할 것이라고 생각했다. '재난', '재해'를 뜻하는 단어가 우주의 별과 관련 있는 것은 이러한 이유 때문이다.

이번 칼럼에서는 '우주의 별'을 뜻하는 aster, astro와 관련된 단어를 알아보고자 한다. 우리가 흔히 '별표(참조·생략·의문 등을 나타냄)'라고 부르는 * 표시는 asterisk로, '작은 별'이라는 뜻에서 유래한다. astronaut은 '별을 보러 가는 사람'이라는 의미에서 '우주 비행사'를, astronomy는 '별의 배열을 고찰하는 학문'이라는 의미에서 '천문학'을, astrology는 '별을 사용한 점'이라는 의미에서 '점성술'이라는 뜻이 되었다.

미국 프로 야구팀 Houston Astros의 로고에는 '별'이 있는데, 여기에는 재미난 이유가 있다. 이 팀의 본거지인 휴스턴에는 미국 항공우주국(NASA)의 우주 센터가 있어 별을 보러 가는 사람들, 즉 우주 비행사들(astronauts)이 모이게 된다. astronauts를 줄인 말이 astros이다. 이 팀의 홈구장 이름인 Astrodome도 별과 깊게 관련되어 있다는 것을 기억해두자.

CHAPTER 3

단어의 꼬리부터 외우자!

Chapter 3에서는 단어의 꼬리 부분에 붙는 표현을 중심으로 단어를 학습해 보자.

Chatper3의 음원 재생 및 다운로드

theme 1 — en 하게 만들다

[díːpən]

111 deepen

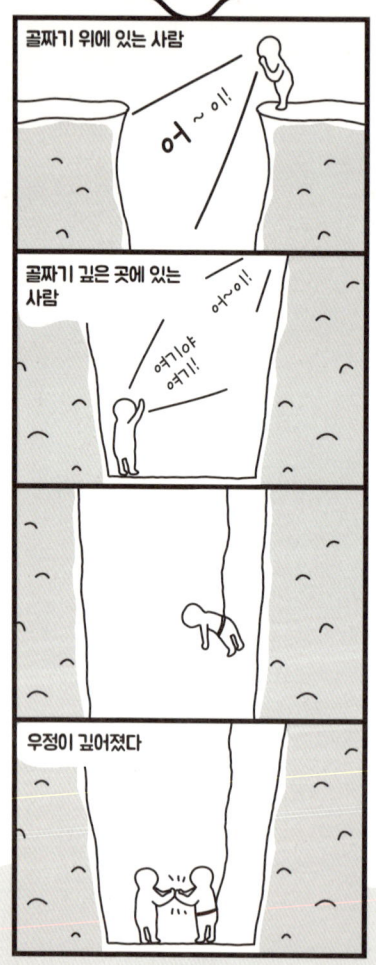

[wáidn]

112 widen

🔴 동 깊게 하다

[deep 깊은 + en 하게 만들다 ⇒ 깊게 만들다] 관계나 지식을 '깊게 하다'라고 할 때 쓰인다.

예 **deepen** friendship between Korea and Italy 한국과 이탈리아 간의 우호 관계를 강화하다

🔴 동 넓히다

[wide 넓은 + en 하게 만들다 ⇒ 넓게 만들다] 간격을 '넓히다', 시야를 '넓히다'와 같은 문맥에서 쓰인다.

예 Foreign travel **widens** our horizons.
해외 여행은 우리의 시야를 넓혀 준다.

[fráitn]

113 frighten

[fǽsn]

114 fasten

동 겁먹게 하다, 놀라게 하다

[fright 공포+en 하게 만들다 ⇒ 공포에 떨게 만들다] 공포에 떨게 만드는 것은 무서운 상황 속에 넣는 것, 즉 '겁먹게 하는' 것이다.

예 Don't **frighten** the children.
그 아이들을 겁주지 마.

동 매다, 고정하다

[fast 단단히+en 하게 만들다 ⇒ 단단히 고정시키다] 사람이나 물건 등을 단단히 고정시킬 때 쓴다. fastener는 단추나 지퍼 등과 같은 '잠그는 것, 잠금 장치'를 뜻한다.

예 Please **fasten** your seatbelts.
안전벨트를 매 주세요.

theme 2　form 형태

115　inform [infɔ́ːrm]

🟥 **알리다, 알려 주다**

[in 안으로+form 형태 ⇒ 머릿속에 형태를 만들다]
누군가에게 정보를 '알려 주면' 그 사람의 머릿속에 구체적인 정보의 형태가 만들어진다.

㉠ **inform** the police of the truth
　경찰에게 사실을 알리다

116　transform [trænsfɔ́ːrm]

🟥 **변화하다, 변화[변형]시키다**

[trans 가로질러+form 형태 ⇒ 형태를 바꾸다] 형태를 가로질러 바꾸는 것은 완전히 다른 새로운 형태로 '변화하는' 것이다.

㉠ He was **transformed** into another man.
　그는 완전히 다른 사람으로 변했다.

117 reform [rifɔ́ːrm]

동 개혁하다, 개선하다 명 개혁, 개선

[re 다시+form 형태 ⇒ 다시 형태를 만들다] 낡은 제도나 조직을 새롭게 만드는 것은 '개혁하는' 것이다. 낡거나 오래된 물건을 새롭게 단장하는 것은 '리폼하는' 것이다.

예 the **reform** by the government
정부에 의한 개혁

118 conform [kənfɔ́ːrm]

동 따르다, 순응하다

[con 함께+form 형태 ⇒ 서로 같은 형태를 취하다] 다른 사람과 같은 형태를 취하는 것은 그 사람을 '따르는' 것이다.

예 **conform** to the customs 관습을 따르다

theme 3   ject 던지다

119 project
명 [prάdʒekt] 동 [prədʒékt]

120 reject
[ridʒékt]

명 계획, 프로젝트   동 계획하다

[pro 앞으로+ject 던지다 ⇒ 앞쪽으로 던지다] 앞으로 해야 할 일을 미리 생각하여 정해 놓는 것은 그 일을 '계획하는' 것이다.

예 work on a new **project**
    새로운 계획을 짜다

동 거절하다, 거부하다

[re 다시+ject 던지다 ⇒ 다시 던지다] 눈앞에 놓인 제안을 받아들이지 않고 다시 던져 버리는 것은 그 제안을 '거절하는' 것이다.

예 **reject** an offer 제안을 거절하다

121 [əbdʒékt] 명 [ábdʒikt]
object

122 [indʒékt]
inject

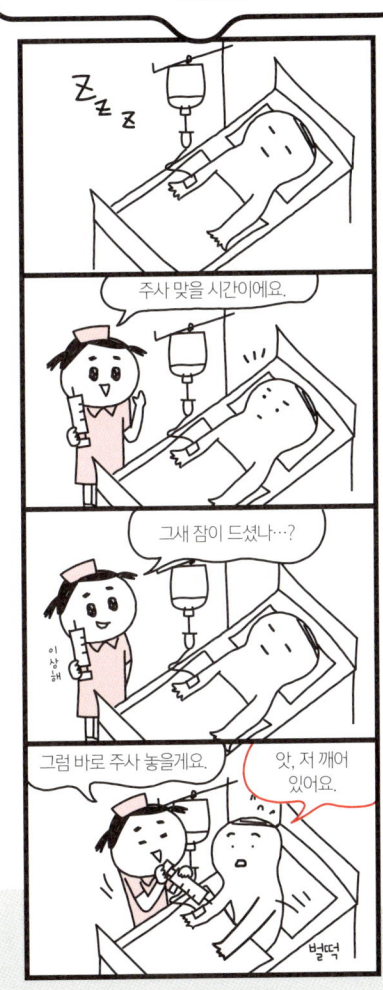

CHAPTER 3 단어의 꼬리부터 외우자!

동 **반대하다** 명 **물건, 목표, 대상**

[ob ~으로+ject 던지다 ⇒ ~쪽으로 던지다] 자신의 의견을 마주 보고 서 있는 상대 쪽으로 던지는 것은 상대의 의견에 '반대하는' 것이다.

예 **object** to prejudice 편견에 반대하다

동 **주입하다, 주사하다**

[in 안으로+ject 던지다 ⇒ 안으로 던져 넣다] 약물을 몸 안에 던져 넣는 것은 약물을 '주입하는' 것이다.

예 **inject** a vaccine 백신을 주사하다

theme 4 pend 매달다

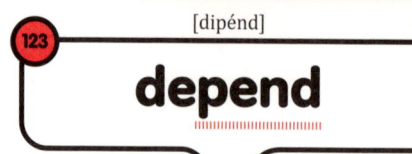

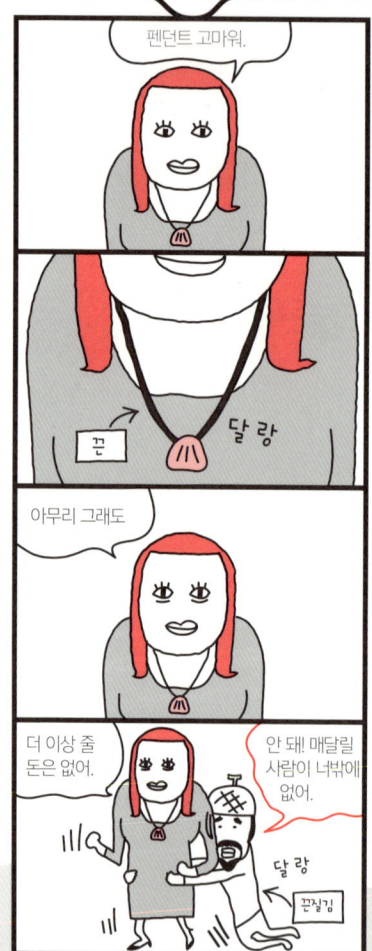

⑧ 의존하다, 의지하다, ~에 달려 있다

[de 아래에+pend 매달다 ⇒ 아래에서 매달리다] 누군가의 아래에 매달려 있는 것은 그 사람에게 '의존하고' 있는 것이다.

⑩ You can **depend** on me.
　너는 나를 믿어도 된다.

⑧ 독립한, 독립적인

[in 부정+depend 의존하다+ent 형접 ⇒ 의존하지 않는] 의존하지 않는 것은 '독립적인' 것이다. 참고로 Independence Day는 미국의 독립기념일(7월 4일)이다.

⑩ be **independent** of parents
　부모로부터 독립하다

[səspénd]

suspend

[ikspénd]

expend

🔴 동 (일시) 중지하다, 중단하다

[sus 아래에+pend 매달다 ⇒ 아래에 매달아 놓다] 기계 등을 작동하지 않고 어딘가 아래에 매달아 놓은 상태로 내버려두는 것은 진행을 '잠시 중단하는' 것이 된다.

예) **suspend** payment 지급을 정지하다

🔴 동 (돈·시간·노력 등을) 소비하다, 들이다

[ex 밖에+pend 매달다 ⇒ 밖에 매달다] 밖에 매다는 것은 화폐가 없던 시절 값을 지불하기 위해 쌀이나 소금을 저울에 매달아 무게를 재서 값을 지불하는 것, 즉 '소비하는' 것이다.

예) **expend** a lot of time 많은 시간을 소비하다

theme 5   scrib 적다   [변화형 script]

127 describe [diskráib]

🔴 묘사하다, 서술하다

[de 아래로+scrib(e) 적다 ⇒ 적어 내려가다] 어떤 대상을 지도나 그림과 함께 적어 내려가는 것은 그 대상을 '묘사하는' 것이다.

예) **describe** an event   사건을 묘사하다

128 prescribe [priskráib]

🔴 처방하다

[pre 미리+scrib(e) 적다 ⇒ 미리 적어 놓다] 환자가 복용할 약을 의사가 미리 정하여 적어 두는 것은 약을 '처방하는' 것이다.

예) **prescribe** a drug   약을 처방하다

[səbskráib]

129 subscribe

[mǽnjuskrìpt]

130 manuscript

CHAPTER 3 단어의 꼬리부터 외우자!

동 (정기) 구독하다, 가입하다

[sub 아래에+scrib(e) 적다 ⇒ 서류 아래쪽에 적다]
신문이나 잡지 등의 구독 신청서 맨 아래쪽 서명란에 자신의 이름을 적으면 그것을 '구독하는' 것이 된다.

예) **subscribe** to the newspaper
　 그 신문을 구독하다

명 원고

[manu 손+script 적다 ⇒ 손으로 직접 쓴 것] 옛날에는 손으로 쓴 글이 '원고'였으나 지금은 인쇄기로 찍어 배포되기 전의 글을 '원고'라고 한다.

예) a clean **manuscript** 틀린 곳이 없는 원고

theme 6   pos 놓다   [변화형 pon]

131. propose [prəpóuz]

동 제안하다, 청혼하다

[pro 앞으로+pos(e) 놓다 ⇒ 앞으로 내놓다] 다른 사람 앞에 자신의 생각이나 의견을 내놓는 것을 '제안하다'라고 한다.

예) **propose** solutions to the problems
그 문제에 대한 해결책을 제안하다

132. expose [ikspóuz]

동 노출시키다, 드러내다, 폭로하다

[ex 밖으로+pos(e) 놓다 ⇒ 밖으로 내놓다] 어떤 것을 바깥에 드러내 놓는 것은 그것을 외부에 '노출시키는' 것이다.

예) be **exposed** to art   예술을 접하다

[dispóuz]
dispose

[impóuz]
impose

🔴 동 처리하다, 없애다

[dis 떨어져+pos(e) 놓다 ⇒ 떨어뜨려 놓다] 쓰레기처럼 필요 없는 것을 자신에게서 멀리 떨어뜨려 놓는 것은 그것을 '처리하는' 것이다.

예 **dispose** of waste 쓰레기를 처리하다

🔴 동 (의무·세금·벌 등을) 부과하다, 강요하다

[im 안에+pos(e) 놓다 ⇒ 안에 놓다] 선생님이 학생들의 마음속에 숙제를 놓는 것은 그들에게 숙제라는 의무를 '부과하는' 것이다.

예 **impose** a tax on the rich
부자에게 세금을 부과하다

135 oppose [əpóuz]

동 반대하다

[op 대항하여+pos(e) 놓다 ⇒ 대항하여 놓다] 상대의 제안이나 계획에 대항하여 무언가를 내놓는 것은, 즉 '반대하다'라는 뜻이다.

예) **oppose** racism 인종차별에 반대하다

136 postpone [poustpóun]

동 연기하다, 미루다

[post 뒤에+pon(e) 놓다 ⇒ 일정을 뒤에 놓다] 예정일보다 일정을 뒤에 놓는 것은 일정을 '연기하는' 것이다.

예) Fortunately the deadline was **postponed**.
다행히 마감일이 연기되었다.

COLUMN 04

object의 3가지 뜻과 서스펜더

단어 121의 object는 '반대하다'라는 뜻이라고 설명했지만, 명사로 사용하면 '물건', '대상'이라는 뜻이 된다. 사실 이 세 가지 뜻에도 연결고리가 있다. object의 어원은 '반대로 던지다'였다. 여기서 공과 같은 던지는 '물건'이라는 뜻이, 또 캐치볼을 하는 상대와 같은 던지는 '대상'이라는 뜻이 생겼다.

그리고 단어 125에서 나온 suspend(일시 중지하다)도 한 번 더 짚고 넘어가자. 이 단어의 어원은 [sus(아래에)+pend(매달다)]이다. '매달다'라는 말과 '일시적으로 중지하다'라는 뜻에는 어떤 연결고리가 있을까?

예를 들어 suspend payment(지급을 정지하다)는 지급을 하지 않고 '대롱대롱 매달아 놓은 상태로 만든다'='일시적으로 중지하다'라는 뜻이 된다. suspend business(영업을 일시 중단하다)는 영업 활동을 하지 않고 '대롱대롱 매달아 놓은 상태로 만든다'='일시적으로 중지하다'라는 뜻이 된다.

우리가 '서스펜더'라고 부르기도 하는 '멜빵'은 바지를 허리띠로 고정하지 않고 양어깨에 걸쳐 바지를 '매다는' 끈을 말한다. 영어로는 suspenders이다. 어미에 달린 er은 '~하는 것'이라는 의미로 붙었다.

참고로 서스펜스 드라마는 '앞을 알 수 없어 긴장감이 생기는 드라마'를 말하는데, 이 단어도 suspend의 명사형인 suspense(불안)에서 나왔다는 사실! 이 단어를 보더라도 '대롱대롱 매달린 상태'라는 어원이 떠오른다.

theme 7 — press 누르다

137. express [iksprés]

138. impress [imprés]

🔴 표현하다, 나타내다

[ex 밖으로+press 누르다 ⇒ 밖으로 밀어내다] 자신의 마음속에 있는 생각이나 감정을 밖으로 밀어내는 것이 '표현하는' 것이다.

- 예) **express** positive feelings
  긍정적인 감정을 표현하다

🔴 깊은 인상을 주다, 감동시키다

[im 안으로+press 누르다 ⇒ 마음속을 누르다] 무언가가 내 마음속에 새겨질 정도로 눌렀다는 것은 내게 '깊은 인상을 주었다'는 것이다.

- 예) I was deeply **impressed** by the movie.
  나는 그 영화에 깊은 감동을 받았다.

139 depress [diprés]

😀 우울하게 하다, 낙담하게 하다

[de 아래로+press 누르다 ⇒ 마음을 내리누르다]
명사인 depression은 마음이 아래로 눌린 상태라면 '우울증', 경제가 아래로 눌린 상태라면 '불황'이라는 뜻이 된다.

- 예) Don't be so **depressed**.
  그렇게 우울해하지 마.

140 suppress [səprés]

😀 진압하다, (감정 등을) 억누르다

[sup 아래로+press 누르다 ⇒ 아래쪽으로 누르다]
강압적인 힘을 사용하여 누군가를 아래쪽으로 눌러 진정시키는 것은 그 사람을 '진압하는' 것이다.

- 예) Don't **suppress** your feelings.
  네 감정을 억누르지 마.

theme 8   tract 끌다

141. attract [ətrǽkt]

⑧ (마음을) 끌다, 끌어당기다, 매료시키다

[at ~으로+tract 끌다 ⇒ ~쪽으로 끌어당기다] 사람의 마음을 끌어당기는 것을 '매료시키다'라고 한다.

예) **attract** a lot of interest   많은 관심을 끌다

142. distract [distrǽkt]

⑧ (주의를) 딴 데로 돌리다, 집중을 방해하다

[dis 떨어져+tract 끌다 ⇒ 다른 방향으로 주의를 끌다] 집중하고 있는 상태에서 주의를 다른 쪽으로 끌어내는 것은 집중을 '방해하는' 것이다.

예) The TV **distracts** me from my book.
    텔레비전은 내 독서를 방해한다.

143 contract
동 [kəntrækt] 명 [kántrækt]

동 계약하다 명 계약(서)

[con 함께+tract 끌다 ⇒ 의견을 함께 끌어모으다] 양쪽 당사자의 의견을 끌어모아야 '계약'이 성사된다.

예 sign a **contract** 계약을 체결하다

144 abstract
형 [æbstrækt] 동 [æbstrækt]

형 추상적인 동 추출하다, 끌어내다

[ab(s) 떨어져+tract 끌다 ⇒ 따로 끌어내다] 구체적인 예시에서 공통되는 개념만 따로 끌어낸 것이 '추상적인' 사고방식을 익히는 방법이라고 할 수 있다.

예 **abstract** words, such as truth and beauty
진리와 미 같이 추상적인 단어들

CHAPTER 3 단어의 꼬리부터 외우자!

theme 9 — cede 가다   [변화형 ceed]

145 recede [risíːd]

동 물러나다

[re 뒤로+cede 가다 ⇒ 뒤로 가다] 앞으로 나아가지 않고 뒤로 나아가는 것은 '물러나는' 것이다.

예 The flood began to **recede**.
홍수의 물이 빠지기 시작했다.

146 proceed [prəsíːd]

동 나아가다, 진행하다

[pro 앞으로+ceed 가다 ⇒ 앞으로 나아가다] 앞으로 나아가는 것은 '전진하는' 것이다.

예 **proceed** carefully 주의 깊게 나아가다

[iksíːd]

exceed

[səksíːd]

succeed

동 넘다, 초과하다

[ex 밖으로+ceed 가다 ⇒ 경계 밖으로 가다] 국경 밖으로 나가 버리는 것은 국경을 '넘는' 것이다.

예 **exceed** expectations 기대를 뛰어넘다

동 성공하다, 계승하다

[suc 아래에서+ceed 가다 ⇒ 아래에서 위로 가다] 자신의 목표를 좇아 아래에서부터 정상까지 올라간 모습은 '성공한' 모습이라 할 수 있다.

예 **succeed** in business 사업에서 성공하다

theme 10 — rupt 깨다

[bǽŋkrʌpt]
149 bankrupt

형 파산한, 지급 불능의

[bank 책상 + rupt 깨다 ⇒ 책상이 깨짐] 대금업자가 더 이상 돈이 없어 돈을 세던 책상(계산대)을 깨고 '파산한' 것을 알린 데서 유래했다.

예) The company went **bankrupt**.
그 회사는 파산했다.

[kərʌpt]
150 corrupt

형 타락한, 부패한

[cor 완전히 + rupt 깨다 ⇒ 완전히 무너진] 몸과 마음이 완전히 무너진 상태를 우리는 '타락한' 상태라고 한다.

예) The **corrupt** politician was arrested.
그 부패한 정치가는 체포되었다.

151 erupt [irʌ́pt]

152 interrupt [ìntərʌ́pt]

CHAPTER 3 단어의 꼬리부터 외우자!

동 (화산이) 폭발하다, 분화하다

[e 밖으로+rupt 깨다 ⇒ 밖으로 터져 나오다] 화산 안의 마그마가 밖으로 터져 나오는 것은 화산이 '폭발 하는' 것이다. 전쟁, 싸움 그리고 감정이 갑자기 일어날 때도 쓰인다.

예 The volcano **erupted** last year.
그 화산은 작년에 폭발했다.

동 방해하다, (잠시) 중단시키다

[inter 사이에+rupt 깨다 ⇒ 사이를 깨다] 두 사람 사이에 들어가 관계를 깨는 것은 그들을 '방해하는' 것이다.

예 Stop **interrupting** me while I'm talking.
내가 말할 때는 끼어들지 마.

단어를 세 개의 세트로 외우자!

Chapter 4에서는 세 개의 단어를 하나의 세트로 외워 머릿속에 입체적인 단어 네트워크가 구축되도록 학습해 보자.

Chatper4의 음원 재생 및 다운로드

theme 1 — ab 떨어져

153. abnormal [æbnɔ́ːrməl]

형 비정상적인, 이상한

[ab 떨어져 + normal 정상적인] ⇒ 정상적인 것에서 벗어난] 정상적인 상태를 벗어난 것은 '비정상적인' 상태이다.

예) Snow is **abnormal** for this time of year.
일 년 중 이맘때 눈이 내리는 것은 비정상적이다.

154. abuse 동 [əbjúːz] 명 [əbjúːs]

동 남용하다, 학대하다 **명** 남용, 학대

[ab 떨어져 + use 사용하다] ⇒ 올바른 사용에서 벗어나다] 올바르게 사용하는 것에서 벗어나 함부로 사용하는 것은 '남용하는' 것이다.

예) Don't **abuse** the power. 권력을 남용하지 마.

155 absent
[ˈæbsənt]

CHAPTER 4

단어를 세 개의 세트로 외우자!

형 없는, 결석한, 결근한

[ab 떨어져+sent 존재하다 ⇒ 떨어진 곳에 존재하는] 원래 자리를 벗어나 떨어진 다른 곳에 존재하는 것은 그 자리에 '없는' 것이다.

예 She was **absent** from the meeting.
그녀는 그 회의에 불참했다.

theme 2   able 할 수 있는   [변화형 ible]

156 comfortable [kʌ́mfərtəbl]

157 reliable [riláiəbl]

형 편한, 편안한, 쾌적한

[comfort 편안하게 하다+able 할 수 있는 ⇒ 편안하게 할 수 있는] 침대나 소파 등에서 편안하게 쉴 수 있는 환경은, 즉 '쾌적한' 환경이다.

예) a **comfortable** hotel   쾌적한 호텔

형 신뢰할 수 있는, 신뢰할 만한

[rely 의지하다+able 할 수 있는 ⇒ 의지할 수 있는] 의지할 수 있는 사람은 '신뢰할 수 있는' 사람이다.

예) **reliable** evidence   신뢰할 만한 증거

visible
[vízəbl]

형 (눈에) 보이는, 뚜렷한

[vis 보다+ible 할 수 있는 ⇒ 볼 수 있는] 눈에 '보이는' 것은 알아볼 수 있는 것이다.

예 The stars are clearly **visible**.
별들이 뚜렷하게 보인다.

theme 3 — ambi 양쪽의, 주변의

159 ambiguous [æmbígjuəs]

형 (애매)모호한, 분명하지 않은

[ambi 양쪽의+(i)g 이끌다+uous 형접 ⇒ 양쪽으로 이끌고 가는] 어떤 말이 두 가지 이상의 의미를 나타내면 그 말은 '(애매)모호한' 것이 된다.

예 He doesn't say anything **ambiguous**.
그는 어떤 애매한 말도 하지 않는다.

160 ambulance [æmbjuləns]

명 구급차

원래는 전쟁터에서 부상당한 군인들을 야외에서 치료하는 이동식 구호 설비인 '이동 병원'을 뜻했다. 여기저기로 이동하며 치료하던 것에서 오늘날의 '구급차'가 되었다.

예 Please call an **ambulance**.
구급차를 불러 주세요.

161 ambition [æmbíʃən]

명 야망, 야심

[ambi 주변의+(i)t 가다+ion 명접 ⇒ 주변으로 감]
고대 로마 시대의 입후보자들이 표를 얻겠다는 야망을 품은 채 주변을 돌아다닌 데서 유래했다.

예 be filled with **ambition** 야망으로 가득 차다

CHAPTER 4 단어를 세 개의 세트로 외우자!

theme 4 ant ~하는 사람

명 조수, 보조자

[assist 돕다 + ant ~하는 사람 ⇒ 도와주는 사람] 어떤 사람의 곁에 서서 그 사람의 업무를 도와주는 사람을 '조수'라고 한다.

예 The **assistant** is so helpful.
그 조수는 아주 친절하다.

명 참가자, 참여자

[participate 참가하다 + ant ~하는 사람 ⇒ 참가하는 사람] 모임이나 대회 등에 참가하는 사람을 '참가자'라고 한다.

예 There are many **participants** in the marathon. 그 마라톤에는 참가자들이 많다.

[sə́:rvənt]
servant

명 하인, 종업원

[serv(e) 섬기다+ant ~하는 사람 ⇒ 섬기는 사람]
주인을 섬기며 집안일을 돌보는 사람을 '하인'이라고 한다.

예 a public **servant** 공무원

theme 5   auto 스스로

165 automatic [ɔ̀:təmǽtik]

형 **자동의**

[auto 스스로+mat 움직이다+ic 형접 ⇒ 스스로 움직이는] 기계나 장치 등이 스스로 움직이는 것을 '자동'이라고 한다.

예) **automatic** doors   자동문

166 automobile [ɔ̀:təməbí:l]

명 **자동차**   형 **자동차의**

[auto 스스로+mob 움직이다+ile 형접 ⇒ 스스로 움직일 수 있는] 마차나 짐수레와는 달리 페달을 밟아 주면 스스로 움직일 수 있는 것을 '자동차'라고 한다.

예) the **automobile** industry   자동차 산업

167 autobiography
[ɔ̀ːtəbaiάːɡrəfi]

명 자서전

[auto 스스로+biography 전기 ⇒ 자신에 대해 쓴 전기] 자신의 인생에 대해 직접 쓴 글을 '자서전'이라고 한다.

예 read his **autobiography**
그의 자서전을 읽다

theme 6 — clud 닫다

168 include [inklú:d]

⑧ 포함하다, 포함시키다

[in 안으로+clud(e) 닫다 ⇒ 안에 넣고 닫다] 일부 사람들을 건물 안에 집어넣고 문을 닫으면 그들을 자신의 집단에 '포함하는' 것이 된다.

⑩ The price of lunch **includes** dessert.
점심 식사 가격은 디저트를 포함한 것이다.

169 exclude [iksklú:d]

⑧ 제외하다, 배제하다

[ex 밖으로+clud(e) 닫다 ⇒ 밖에 두고 닫아 버리다] 일부 사람들을 건물 밖에 두고 들어오지 못하게 문을 닫아 버리면 그들을 '제외하는' 것이 된다.

⑩ **exclude** the possibility of loss
패배의 가능성을 배제하다(전혀 용납치 않다)

170 conclude
[kənklú:d]

동 결론을 내리다, 끝나다

[con 완전히+clud(e) 닫다 ⇒ 완전히 닫아 버리다]
최종적으로 판단을 내리지 않은 문제를 완전히 닫아 버리는 것은 '결론을 내리는' 것이 된다.

예) **conclude** happily 행복하게 끝나다

theme 7 — duc 이끌다

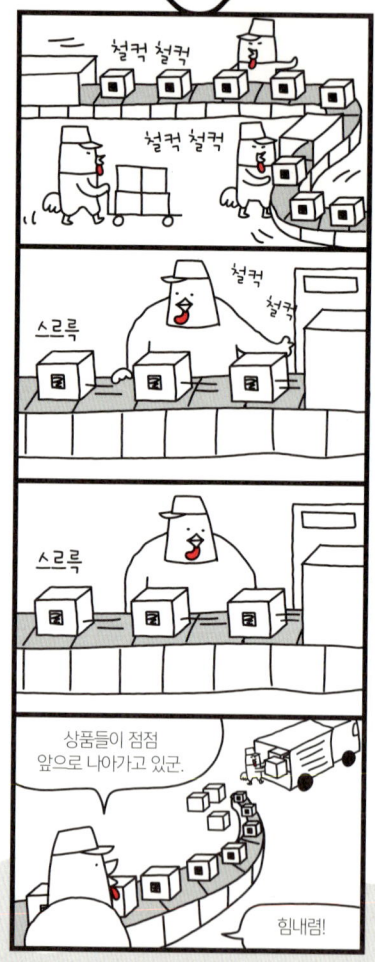

生산하다, 제작하다

[pro 앞으로+duc(e) 이끌다 ⇒ 앞으로 이끌어 내다]
벨트 컨베이어에 올려진 상품을 소비자 앞으로 이끌어 오는 것을 '생산하다'라고 한다.

The factory produces plastic goods.
그 공장은 플라스틱 제품을 생산한다.

줄이다, 감소시키다

[re 뒤로+duc(e) 이끌다 ⇒ 뒤로 끌어 내리다] 증가하고 있는 매출을 뒤로 끌어 내리는 것은 매출을 '줄이는' 것이다.

reduce pollution 오염을 줄이다

introduce
[ìntrədjúːs]

동 소개하다, 도입하다

[intro 안으로+duc(e) 이끌다 ⇒ 안으로 들여오다]
전학생을 학급 안으로 이끌어 오는 것은 전학생을 반 학생들에게 '소개하는' 것이다. 회사에 새로운 기계를 들여오는 것은 그 기계를 '도입하는' 것이다.

예 Let me **introduce** Ms. Brown to you.
여러분에게 브라운 씨를 소개합니다.

theme 8   equ 같은

[íːkwəl]

174 equal

형 같은, 동등한

[equ 같은+al 형접 ⇒ 정도가 같은] 5+8=13에서 등호(=)는 왼쪽 값과 오른쪽 값이 서로 '같은' 상태임을 나타낸다.

예 **equal** rights for men and women
남녀에게 평등한 권리

[ikwéitər]

175 equator

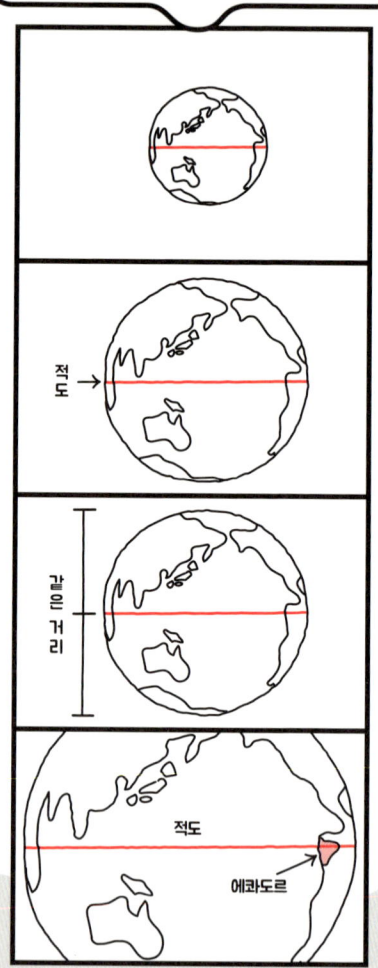

명 적도

[equ 같은+at(e) 동접+or 명접 ⇒ 똑같이 나눈 것] '적도'는 지구의 남과 북을 똑같이 나누는 기준선이다. 참고로 적도 바로 아래에 위치한 남아메리카의 에콰도르(Ecuador)는 스페인어로 '적도'라는 뜻이다.

예 Ecuador is on the **equator**.
에콰도르는 적도에 있다.

176 equivalent
[ikwívələnt]

형 동등한, 대등한 명 동등한 것

[equ(i) 같은+val 가치+ent 형접 ⇒ 같은 가치가 있는] 양쪽 모두 똑같은 가치나 능력이 있다면 이는 '동등한' 가치나 능력이 있는 것이다.

예) be **equivalent** in value 동등한 가치가 있다

theme 9   flu 흐르다

177 influence [ínfluəns]

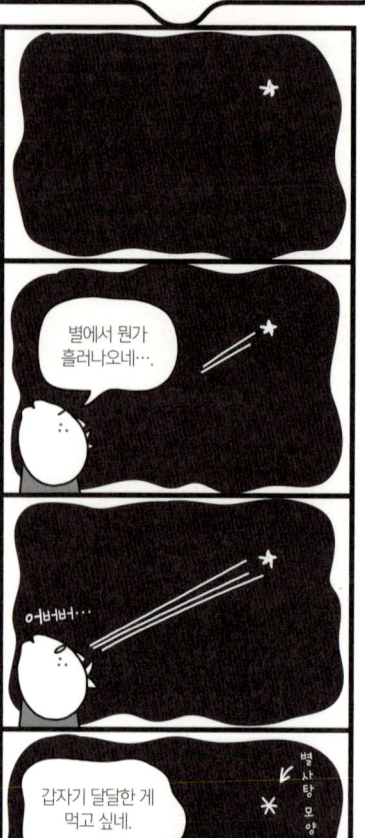

명 영향(력) **동 영향을 미치다**

[in 안으로+flu 흐르다+ence 명접 ⇒ 안으로 흘러 들어감] 옛날 사람들은 별에서 흘러나오는 액체가 사람의 몸안에 들어가 '영향'을 미치는 것을 운명이라고 여겼다.

예 have a good **influence** 선한 영향을 미치다

178 fluently [flúːəntli]

부 유창하게

[flu 흐르다+ent 형접+ly 부접 ⇒ 물 흐르듯이] 언어를 물 흐르듯이 구사하는 것은 '유창하게' 구사하는 것이다.

예 speak English **fluently**
영어를 유창하게 말하다

affluent
[ǽfluənt]

형 부유한, 풍요한

'흐르다'라는 의미의 어원 flu에서 '부가 물 흐르듯 들어 오는'이라는 뜻이 되었다. 돈이 물 흐르듯 들어와 돈을 풍부하게 가지고 있는 상태를 '부유한' 상태라고 한다.

예) the **affluent** society 풍요한 사회

CHAPTER 4 단어를 세 개의 세트로 외우자!

theme 10 — gress 가다

동 [prəgrés] 명 [prágres]

progress

앞으로

계속 앞으로

구구구

쿠과과과과
앙

진보하다

동 [rigrés] 명 [rí:gres]

regress

앞으로 나아갈 수가 없어.

도저히 무리야.

으악!

🔴 동 **진보하다, 발전하다** 🔴 명 **진보, 발전**

[pro 앞으로+gress 가다 ⇒ 앞으로 나아가다] 앞으로 더 나아가는 것을 '진보하다'라고 한다.

- 예) make dramatic **progress**
  극적인 진보를 이루다

🔴 동 **후퇴하다, 퇴보하다** 🔴 명 **후퇴, 퇴보**

[re 뒤로+gress 가다 ⇒ 뒤로 걸어가다] 뒤로 걸어가는 것은 뒤로 물러나는 것으로 즉 '후퇴하는' 것이다.

- 예) I don't see it as a **regress**.
  나는 그것을 후퇴라고 생각하지 않는다.

[kάŋgres]

congress

명 의회, 국회

[con 함께+gress 가다 ⇒ 모두 함께 가는 곳] 의장, 서기 그리고 의원 등이 모여서 다 함께 가는 장소가 바로 '의회'이다.

예 a debate in **Congress** 국회에서의 토론

theme 11 labor 일

183 laboratory
[læbərətɔ̀:ri]

명 연구실, 실험실

[labor(at) 일+ory 장소 ⇒ 일하는 장소] 과학자가 일을 하는 장소에서 '연구실'이라는 뜻이 되었다.

예 a chemical **laboratory** 화학 실험실

184 elaborate
형 [ilǽbərət] 동 [ilǽbərèit]

형 정성 들인 동 정교하게 만들어 내다

[e 밖으로+labor 일+ate 형접 ⇒ 일의 결과가 밖으로 나타난] 혼신의 힘을 다한 일에 대한 결과가 밖으로 드러나는 것은 그 일에 '정성을 들인' 것이다.

예 **elaborate** care 정성 들인 보살핌

[kəlǽbərèit]

collaborate

단어를 세 개의 세트로 외우자!

동 협력하다, 공동으로 하다

[col 함께+labor 일+ate 동접 ⇒ 함께 일하다] 여러 사람들이 함께 일을 하는 것을 '협력하다'라고 한다.

예 The two companies agreed to **collaborate**. 두 회사는 협력하기로 합의했다.

COLUMN 05

Where is a lavatory?

단어 183에서 laboratory(연구실)와 lavatory(비행기 등의 화장실)가 어떻게 쓰였는지를 삽화로 설명했다. laboratory의 labor(일, 노동)를 생각하면 '과학자가 일하는 장소'를 떠올려서 '연구실'이라고 바로 알 수 있다.

그런데 lavatory(비행기 등의 화장실)의 어원은 대체 뭘까?

우리말로도 화장실을 뜻하는 단어들이 여러 가지 있다. 화장실, 해우소, 변소, 뒷간 등…. 배설에 관련된 단어이기 때문에 직접적인 표현을 최대한 피하기 위해서인지 다양한 단어들이 쓰인다.

영어로도 화장실이라는 단어는 여러 가지가 있다. bathroom, restroom이 가장 일반적으로 많이 쓰이고, toilet은 직접적으로 '변기'를 뜻하는 말이라 잘 사용하지 않는다. bathroom은 bath(목욕)라는 단어가 들어가 있는데, 해외에서는 욕실과 화장실이 같은 장소에 있는 경우가 많아서 목욕하는 곳이 즉 '화장실'도 의미하게 되었다. restroom은 주로 집이 아닌 다른 곳에 있는 화장실을 뜻하는 경우가 많다.

자, 그럼 lavatory의 어원을 알아볼까? 바로 '씻는 장소'이다. 비행기의 화장실을 떠올려 보면 이해하기 쉽다. '화장실'과 '손을 씻는 곳'이 같은 공간에 함께 있기 때문이다. 영국 영어에서는 화장실을 lavatory라고 부르는 경우가 더 많다. lava는 '씻다, 흐르다'라는 의미가 있는데 lava(용암)라는 단어도 이 '흐르다'라는 어원에서 나온 말이다.

COLUMN 06

쉽게 바꿔서 외워 보자
형용사편

내가 영어 공부를 막 시작했을 때는 무작정 단어만 반복해서 외웠다. "obvious는 명백한, obvious는 명백한, obvious는 명백한…" 하지만 obvious가 clear와 같은 뜻인 것을 알았을 때는 더 이상 obvious는 '명백한'이라고 무턱대고 외우지 않고, '아, clear와 같은 애구나!'라고 생각하며 외울 수 있었다.

· The facts are obvious. 그 사실은 명백하다.
· Are these instructions clear enough? 이 지시 사항은 충분히 명백한가?

'충분한'이라는 뜻을 지닌 단어를 생각해 보자. 아마 가장 먼저 enough가 떠오를 것이다. 그렇다면 sufficient는 어떤가? enough = sufficient를 공식처럼 외워 보자.

· Have you got enough money? 너는 충분한 돈을 가지고 있니?
· There is sufficient food for ten people. 10명이 먹을 충분한 음식이 있다.

'부유한'이라는 뜻의 affluent도 아주 쉬운 단어인 rich로 바꿔 외울 수 있다.

· the affluent neighborhoods of Malibu 말리부의 부유한 동네
· the richest countries 가장 부유한 국가들

마지막으로 '중요한'이라는 뜻의 significant는 important로 바꿔 외울 수 있다.

· a significant event in the history of our nation 우리나라 역사에 있어서 중요한 사건
· Scientists have made an important discovery. 과학자들은 중요한 발견을 했다.

theme 12 sign 표시

[signífikənt]

186 significant

⑱ [dézignèit] ⑲ [dézignət]

187 designate

⑲ 중요한, 의미 있는

[sign(i) 표시+fic 만들다+ant 형접 ⇒ 표시를 만드는] 책에 표시를 할 정도의 정보는 '중요한' 정보이다.

㉠ a **significant** event 중요한 행사

⑱ 지명하다, 지정하다 ⑲ 지명된

[de 밖에+sign 표시+ate 동접 ⇒ 밖으로 드러나게 표시하다] 각 직원이 어떤 직책을 가지고 있는지 밖으로 드러나게 표시하는 것은 각 직원을 해당 직책에 '지명하는' 것이다.

㉠ **designate** him team leader
그를 팀장으로 지명하다

signature
[sígnətʃər]

명 서명

[sign(at) 표시+ure 명접 ⇒ 표시하기] 종이에 자신만의 독특한 표시로 이름을 남기는 것을 '서명'이라고 한다. 유명인의 서명은 autograph이다.

예) Please put your **signature** on the contract. 계약서에 서명해 주세요.

theme 13   sist 서다

🔴 **동** 저항하다, 참다

[re 뒤로+sist 서다 ⇒ 뒤돌아서다] 유혹에 빠지지 않고 뒤로 돌아서는 것은 그 유혹에 '저항하는' 것이다.

예 **resist** the temptation   유혹에 저항하다

🔴 **동** 고집스럽게 계속하다, 지속되다

[per 완전히+sist 서다 ⇒ 끝까지 서 있다] 습관이나 사고방식 등에 끝까지 서 있으면 '고집하다', 나쁜 날씨가 끝까지 서 있으면 '지속되다'라는 뜻이 된다.

예 **Persist** in your belief.
    자신의 신념을 관철하라.

[igzíst]
exist

동 존재하다, 실재하다

[ex 밖에+(s)ist 서다 ⇒ 밖에 서 있다] 아기가 엄마 뱃속에서 밖으로 나오면 아기가 세상에 '존재하는' 것이 된다.

예 Do you think ghosts really **exist**?
너는 유령이 실제로 존재한다고 생각하니?

theme 14　sub 아래로

🔴 명 **지하철, 지하도**

[sub 아래로+way 길 ⇒ 땅 아래로 다니는 길] 땅 아래로 다닐 수 있게 만든 길은 '지하도', 그 길 위를 달리는 전동차는 '지하철'이다.

　예 the nearest **subway** station
　　 가장 가까운 지하철 역

🔴 동 **제출하다, 복종하다, 굴복하다**

[sub 아래로+mit 보내다 ⇒ 아래로 보내다] 어떤 사람의 아래로 보내는 것은 즉 '바치다'라는 의미이다. 학생이 단상 위에 있는 교수 아래로 보고서를 보내는 것은 보고서를 '제출하는' 것이다.

　예 **submit** a report　보고서를 제출하다

194. subordinate
[səbɔ́ːrdənət]

형 종속된, 하위의, 하급의

[sub 아래로+ordin 순서+ate 형접 ⇒ 순서상 아래에 있는] 순서상 다른 사람보다 아래에 있으면 그 사람에게 '종속되는' 것이다.

예 a **subordinate** position 하위 직책(지위)

theme 15 vac 빈

🔴 명 **휴가, 방학**

[vac 빈+ation 명접 ⇒ 비어 있는 상태] 자신의 일이나 업무를 비워 둔 상태로 일정 기간 동안 쉬는 것을 '휴가'라고 한다.

⑩ He's on **vacation** now.
　그는 지금 휴가 중이다.

🔴 형 **비어 있는, 공석인**

[vac 빈+ant 형접 ⇒ 비어 있는] 방이나 좌석 등이 일시적으로 '비어 있는' 상태는 현재 그것을 사용할 수 있는 상태라는 의미이다.

⑩ There are some **vacant** seats in the theater. 극장에는 빈 좌석이 몇 개 있다.

🔴 대피시키다, 피난시키다

[e 밖으로+vac(u) 빈+ate 동접 ⇒ 밖으로 내놓다]
화재나 지진 등이 일어나면 건물 안에 있는 사람들을 밖으로 내보내 건물을 비워 두고 그들을 안전한 곳으로 '대피시켜야' 한다.

예) Several families were **evacuated** from their homes.
몇몇 가족들이 그들의 집에서 대피했다.

theme 16   vel 싸다, 덮다

198 develop [divéləp]

199 envelope [énvəlòup]

동 발전하다, 성장하다

[de 반대의+vel(op) 싸다 ⇒ '싸다'의 반대] 싸여진 포장을 풀고 밖으로 나오는 모습은 진보를 넘어 '발전하는' 이미지이다.

예 Children **develop** very rapidly.
   아이들은 매우 빨리 성장한다.

명 (편지) 봉투

[en 안에+vel(op) 싸다+e 명접 ⇒ 안에 넣고 싸기] 편지를 보낼 때 편지를 안에 넣고 감싸는 것은 '봉투'이다.

예 open the **envelope** 봉투를 열다

200 reveal
[riví:l]

동 **드러내다, 폭로하다, 밝히다**

[re 반대의+veal 덮다 ⇒ 벗기다] 덮여 있던 것을 벗겨 내는 것은 그것을 '드러내는' 것이다.

예 Don't **reveal** the secret.
그 비밀을 밝히지 마.

theme 17 vert 돌리다 [변화형 vers]

201 advertise [ǽdvərtàiz]

동 광고하다, 선전하다

[ad ~으로+vert 돌리다+ise 동접 ⇒ 관심을 돌리다] 기업은 사람들의 관심을 상품 쪽으로 돌리기 위해 '광고한다'.

예 They **advertise** their new product on TV. 그들은 텔레비전에 신제품을 광고한다.

202 controversy [kɑ́:ntrəvə̀:rsi]

명 논쟁, 논란

[contro 반대하여+vers 돌리다+y 명접 ⇒ 반대로 돌아섬] 각각의 의견이 서로 반대 방향으로 돌아서면 '논쟁'이 일어날 수 있다.

예 a political **controversy** 정치적 논쟁

[kənvə́ːrs]

동 대화하다, 담화하다

[con 함께+vers(e) 돌리다 ⇒ 돌아가며 말하다] 상대와 마주 보고 이야기를 주고받는 것을 '대화하다'라고 한다.

예) We often **converse** in English.
　우리는 종종 영어로 대화한다.

theme 18　vis 보다

204 devise [diváiz]

동 궁리하다, 고안하다

유산을 나누기 위해 이리저리 따지며 생각해 보는 상황에서 '궁리하다'라는 뜻이 유래했다.

예) **devise** a method 방법을 고안하다

205 revise [riváiz]

동 수정하다, 개정하다

[re 다시+vis(e) 보다 ⇒ 다시 보다] 책을 다시 훑어보면서 잘못된 곳은 없는지 확인하고 고칠 곳은 고치거나 다시 쓰는 것은 그 책을 '개정하는' 것이다.

예) **revise** the plan 그 계획을 수정하다

[súːpərvàiz]

동 감독하다, 관리하다

[super 위에+vis(e) 보다 ⇒ 위에서 보다] 직원의 업무를 상사가 위에서 지켜보는 것은 그 직원을 '감독하는' 것이다.

예) **supervise** an important project
중요한 프로젝트를 감독하다

theme 19   volv 돌다

[inválv]
involve

[iválv]
evolve

🔴 동 **연루되다, 말려들게 하다, 포함하다**

[in 안으로+volv(e) 돌다 ⇒ 안으로 돌다] 소용돌이 안으로 돌면서 말려들어 가는 것은 '연루되다'라는 뜻이다.

예) I was not **involved** in the accident.
    나는 그 사고에 연루되지 않았다.

🔴 동 **진화하다, (점진적으로) 발전하다**

[e 밖으로+volv(e) 돌다 ⇒ 밖으로 돌다] 병아리가 알을 깨고 이리저리 몸을 돌리며 밖으로 나오는 모습은 '진화하는' 이미지를 연상시킨다.

예) You could **evolve** more.
    너는 좀 더 진화할 수 있다.

revolve
[riválv]

동 돌다, 회전하다

[re 다시 + volv(e) 돌다 ⇒ 계속 돌다] 움직임을 멈추지 않고 계속 회전하는 데서 '회전하다'라는 뜻이 되었다.

예 The moon **revolves** around the earth.
달은 지구 주위를 돈다.

COLUMN 07

vacation? vocation!

'천직', '소명'이라는 말을 한 번쯤은 들어 본 적이 있을 것이다. 성직에 있는 사람들은 신의 부름을 받은 후 현재의 일을 하게 됐다는 말을 종종 하곤 한다. 이렇게 '신의 부름을 받아서 정한 직업'이 vocation이다. vocation은 일반적인 '직업'을 나타낼 때도 쓰인다. vocation 외에도 '천직'을 뜻하는 단어로는 calling이 있다. calling은 '신의 부름'이라는 뜻으로, '신이 부르는 곳으로 따라가서 만난 천직'이라는 발상에서 나온 단어이다. 그러고 보니 vocation의 어원과 상당히 유사하다.

vocation 외에 '직업'을 나타내는 단어에는 어떤 것이 있는지 좀 더 알아보자. 가장 먼저 '직업'하면 떠오르는 단어는 무엇인가? job, work 등이 생각날 것이다.

work은 포괄적이고 일반적인 '일'을 나타내며 명사와 동사로 둘 다 쓰인다.
· I work at a nursery school. 나는 유아원에서 일한다.
· I have a lot of work to do today. 나는 오늘 할 일이 많다.

job은 일정 기간 동안 종사하는 개인의 일이나 직업을 나타낸다. 보수를 받는 것에 중점을 둔 단어지만, 청소나 세탁처럼 학교와 집에서 해야 할 일이나 과제 등을 나타낼 때도 쓰인다.
· I'm satisfied with my job as a teacher. 나는 교사인 내 직업에 만족한다.

occupation은 주로 서류의 '직업란'에 쓰인다.
· Please state your name, age, and occupation below.
  아래에 당신의 이름, 나이 그리고 직업을 작성해 주세요.

COLUMN 08

resistance? valve? revolver? revolution?

영화나 소설, 게임 등에 나오는 '레지스탕스(résistance)'는 resist(저항하다)의 명사형인 resistance와 동일하게 '저항'이라는 뜻으로, 제2차 세계대전에서 프랑스가 독일 점령군과 비시 정권에 저항하는 운동을 가리킨다. 후에 국가 권력에 의한 독재정치 등에 대항하여 자유와 해방을 요구하는 '저항운동'으로 그 의미가 확장되었다.

theme 19의 volv는 '돌다', '말다'라는 뜻이다. 우리가 흔히 '밸브(valve)'라고 말하는 단어는 액체나 기체가 통과하는 배관을 가리키며, 액체나 기체가 흐를 때 그 압력이나 양을 조절하는 장치이다. 즉, 밸브를 '돌려서' 그 압력이나 양을 조절하는 것이다.

영화나 드라마에서 흔히 볼 수 있는 회전식 연발 권총인 '리볼버(revolver)'는 총알을 몇 번이고 재장전하여 돌려서 사용하는 권총이다. '돌다', '말다'라는 뜻을 지닌 volv에서 이를 유추할 수 있다.

revolution(혁명)은 revolve(회전하다)의 명사형으로, 지배 체계가 거꾸로 회전한 모습을 의미한다. 지배 체계의 상위에 있는 귀족이나 왕족들이 하위에 있는 평민과 뒤바뀐다면 이는 '혁명'이라 할 수 있다.

단어를 두 개의 세트로 외우자!

Chapter 5에서는 비슷한 철자를 가진 두 개의 단어를
하나의 세트로 외워 그 의미를 쉽게 잊어버리지 않도록
단어를 학습해 보자.

Chatper5의 음원
재생 및 다운로드

theme 1   ann 해마다

210 anniversary [æ̀nəvə́ːrsəri]

명 기념일

[ann(i) 해마다+vers 돌다+ary 명접 ⇒ 해마다 돌아오는 것] 생일이나 결혼기념일처럼 해마다 돌아오는 날을 '기념일'이라고 한다.

예) celebrate the **anniversary**
기념일을 축하하다

211 annual [ǽnjuəl]

형 매년의, 일 년에 한 번의

[ann 해마다+ual 형접 ⇒ 해마다의] 해마다 반복되는 것이다.

예) an **annual** event   연례 행사

theme 2   cast 던지다

212 forecast [fɔ́:rkæst]

213 broadcast [brɔ́:dkæst]

🔴 동 예측하다, 예보하다 명 예측, (일기) 예보

[fore 미리 + cast 던지다 ⇒ 던져서 미리 짐작해 보다] 옛날에 미래를 점치기 위해 주사위를 던졌던 것에서 유래한다. 주사위를 던져서 날씨 등 미래의 일을 '예측하는' 것이다.

예 **the weather forecast** 일기 예보

🔴 동 방송하다 명 방송

[broad 널리 + cast 던지다 ⇒ 널리 던지다] 정보를 널리 알리기 위해 던지는 것이 바로 '방송'이다.

예 **broadcast the news** 뉴스를 방송하다

theme 3   clar 분명한

동 밝히다, 분명히 말하다

[clar 분명한+ify 동접 ⇒ 분명히 하다] 어떤 사실을 숨김없이 확실히 말하는 것은 '분명히 말하는' 것이다.

예 **clarify** the mystery 수수께끼를 밝히다

동 선언하다, 공표하다

[de 완전히+clar(e) 분명한 ⇒ 분명히 하다] 자신의 의견이나 입장을 주위에 분명하게 알리는 것을 '선언하다'라고 한다.

예 **declare** independence 독립을 선언하다

theme 4   clos 닫다

[inklóuz]
216 enclose

[disklóuz]
217 disclose

동 동봉하다, 에워싸다

[en 안으로+clos(e) 닫다 ⇒ 안에 넣고 닫다] 안에 편지와 사진을 함께 넣고 나오지 못하게 봉투를 닫아 버리는 것을 '동봉하다'라고 한다.

예) **enclose** my photograph
    내 사진을 동봉하다

동 폭로하다, 밝히다, 드러내다

[dis 부정+clos(e) 닫다 ⇒ 닫지 않고 열다] 회사의 닫혀 있던 비밀을 열어 버리면 그 비밀을 '폭로하는' 것이 된다.

예) **disclose** the truth   진실을 폭로하다

theme 5 courage 용기

[diskə́ːridʒ]
218 discourage

동 낙담시키다, 그만두게 하다

[dis 부정+courage 용기 ⇒ 용기를 잃게 하다] 누군가의 용기를 꺾는 것은 그 사람을 '낙담시키는' 것이다.

예 Don't get **discouraged**. 낙담하지 마.

[inkə́ːridʒ]
219 encourage

동 격려하다, 용기를 북돋우다

[en 하게 만들다+courage 용기 ⇒ 용기가 나게 만들다] 낙심한 사람에게 용기를 불어넣어 주는 것은 그 사람을 '격려하는' 것이다.

예 Your word **encouraged** me.
네 말은 내게 용기를 북돋아 줬어.

theme 6   custom 습관

220   customer   [kʌ́stəmər]

221   accustom   [əkʌ́stəm]

명 고객, 손님

[custom 습관 + er ~하는 사람 ⇒ 습관처럼 자주 방문하는 사람] 습관적으로 자주 방문해서 물건을 구입하는 단골 손님을 '고객'이라고 한다.

예 The **customer** is always right.
고객은 왕이다.

동 익숙해지게 하다

[ac ~에 + custom 습관 ⇒ ~에 습관이 배다] 습관이 배게 하는 것은 '익숙해지게 하는' 것이다. be accustomed to(~에 익숙해지다)의 형태로 자주 쓰인다.

예 become **accustomed** to the new surroundings 새로운 환경에 익숙해지다

theme 7 dome 돔

형 가정의, 국내의

어원은 dome(돔, 덮는 것)이다. 이 돔(반구형으로 된 지붕)으로 집을 덮으면 '가정의', 나라를 덮으면 '국내의'라는 뜻이 된다.

예 concentrate on **domestic** services
국내 업무에 전념하다

동 지배하다, 장악하다

어원은 dom(돔으로 덮다)이다. 권력으로 나라를 덮어 버리는 것은 나라를 '지배하는' 것이다.

예 **dominate** the world market
세계 시장을 지배하다

theme 8　ee 당하는 사람

224 employee [implɔ́iː]

명 종업원, 직원

[employ 고용하다 + ee ~을 당하는 사람 ⇒ 고용을 당한 사람] 회사의 구성원으로 고용을 당한 사람을 '종업원'이라고 한다.

예 hire an **employee** 종업원을 고용하다

225 committee [kəmíti]

명 위원회

[commit 맡기다 + ee ~을 당하는 사람 ⇒ 임명 받은 사람들] 학교의 학생회처럼 중요한 사항을 결정하도록 임명 받은 사람들 또는 그 사람들로 구성된 모임을 '위원회'라고 한다.

예 form a **committee** 위원회를 구성하다

theme 9　firm 확실한

🔴 동　확인하다, 사실임을 보여주다

[con 완전히 + firm 확실한 ⇒ 완전히 확실하게 하다]
혹시 빠트린 것이 없는지 알아보고 서류를 보다 확실하게 하는 것을 '확인하다'라고 한다.

　예) **confirm** your reservation
　　　예약을 확인하다

🔴 동　단언하다

[af ~에 + firm 확실한 ⇒ 확실히 말하다] 누군가에게 '이것이 무조건 맞다!'라고 확실하게 말하는 것이 '단언하는' 것이다.

　예) **affirm** the truth of the report
　　　그 보고(서)는 사실이라고 단언하다

theme 10   flect 구부리다   [변화형 flex]

228 reflect [riflékt]

229 flexible [fléksəbl]

동 반사하다, 비추다, 반영하다

[re 반대로+flect 구부리다 ⇒ 반대로 구부려 보여 주다] 거울에 비친 모습을 반대로 구부려 보여 주는 것을 '반사하다'라고 한다. 여기서 거울에 '비치다'와 '반영하다'라는 뜻으로 확장되었다.

예 The window **reflected** her face.
창문이 그녀의 얼굴을 비췄다.

형 융통성 있는, 탄력적인

[flex 구부리다+ible 할 수 있는 ⇒ 구부릴 수 있는] 일정을 구부릴 수 있다는 것은 일정을 '융통성 있게' 조정할 수 있다는 것이다.

예 **flexible** working hours   탄력적인 근무 시간

CHAPTER 5 단어를 두 개의 세트로 외우자!

theme 11 — force 힘

230 reinforce [rìːnfɔ́ːrs]

231 enforce [infɔ́ːrs]

동 보강하다, 강화하다

[re 다시+in 안에+force 힘 ⇒ 다시 힘을 부여하다] 낡은 다리 등에 다시 힘을 넣어 더 튼튼하게 하는 것을 '보강하다'라고 한다.

예 **reinforce** the wealth and power
부와 권력을 강화하다

동 시행하다, 집행하다

[en 하게 만들다+force 힘 ⇒ 힘을 행사하다] 법률의 효력을 실제로 발생시키는 것을 '시행하다'라고 한다.

예 **enforce** environmental laws
환경법을 시행하다

theme 12   fus 붓다

[rifjú:z]
refuse

[kənfjú:z]
confuse

동 거절하다, 거부하다

[re 다시+fus(e) 붓다 ⇒ 원래 자리로 다시 붓다] 상대가 나에게 부어준 잔을 받아들이지 않고 받은 것을 원래 자리로 다시 부어 버리면, 즉 '거절하다'라는 뜻이 된다.

- 예 **refuse** to negotiate with terrorists
  테러리스트와의 교섭을 거부하다

동 혼란스럽게 하다, 혼동하다

[con 함께+fus(e) 붓다 ⇒ 함께 붓다] 여러 가지 음료를 한 곳에 함께 부어 넣으면 마구 뒤섞여 알 수 없는 음료가 되어 사람을 '혼란스럽게 한다'.

- 예 **confuse** day and night
  낮과 밤을 혼동하다

theme 13   just 올바른

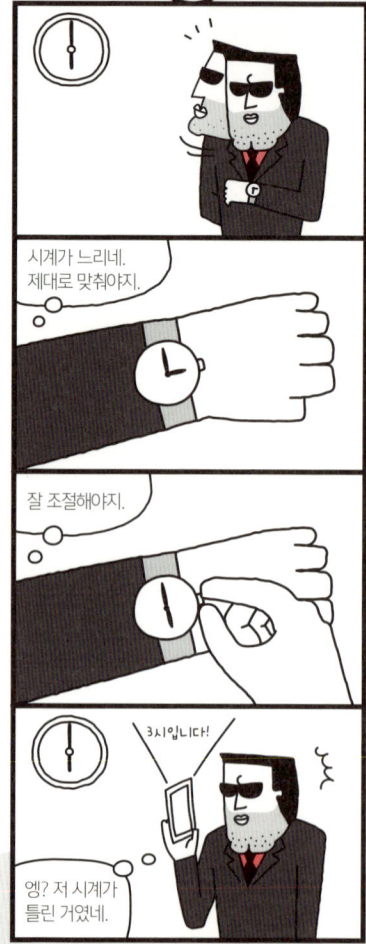

동 조정하다, 조절하다, 맞추다

[ad ~에+just 올바른 ⇒ 올바르게 맞추다] 시간이 맞지 않는 시계를 올바르게 맞추는 것은 시계를 '조정하는' 것이다.

예 **adjust** the brakes   브레이크를 조정하다

명 정의, 공정

[just 올바른+ice 명접 ⇒ 올바름] 그리스 로마 신화에 등장하는 정의의 여신인 유스티티아는 손에 천칭(저울)과 검을 들고 있다. 이 여신의 천칭(저울)은 '정의'를 구현하는 직업인 변호사의 배지에도 새겨져 있다.

예 social **justice** and equality
    사회 정의와 평등

theme 14 min 작은

🔴 명 **장관, 대신, 목사**

[min(i) 작은+ster 명접 ⇒ 작은 사람] 국가를 큰 사람이라고 하면 국가를 위해 봉사하는 작은 사람을 '대신'이라고 한다. 하나님을 큰 사람이라고 하면 하나님을 섬기는 작은 사람을 '목사'라고 한다.

예 the **minister** of Education 교육부 장관

🔴 동 **줄이다**

[di 떨어져+min 작은+ish 동접 ⇒ 떨어뜨려 작게 만들다] 돈을 원래 상태에서 떨어뜨려 작게 만드는 것은 돈을 '줄이는' 것이다.

예 **diminish** pain 고통을 줄이다

theme 15 mount 산

238 amount
[əmáunt]

동 (수량에) 달하다 **명** 총액

[a ~에+mount 산 ⇒ 산에 오르다] 산을 끝까지 오르면 정상에 '달하게' 된다.

- His debts **amount** to 1,000 dollars.
  그의 빚은 1,000달러에 달한다.

239 surmount
[sərmáunt]

동 극복하다, 오르다, 넘다

[sur 넘어서+mount 산 ⇒ 산을 넘다] 산을 넘는다는 것은 악조건이나 고생 등의 장애물을 '극복한다'는 의미이다.

- **surmount** many difficulties
  많은 어려움을 극복하다

theme 16 — opt 선택하다

240. adopt [ədápt]

동 채택하다, 채용하다

회사에 지원한 여러 명의 지원자들 중에서 선택하여 직원으로 받아들이는 것을 '채용하다'라고 한다.

예) **adopt** a better approach
보다 나은 방법을 채택하다

241. option [ápʃən]

명 선택권, 선택

opt의 명사형으로, '선택한 것'에서 '선택권'이라는 뜻이 되었다. '다양한 옵션이 있다'라는 말은 '다양한 선택권이 있다'라는 의미이다.

예) the best **option** 최선의 선택

CHAPTER 5 — 단어를 두 개의 세트로 외우자!

theme 17 part 부분

242 participate
[pa:rtísəpèit]

243 particular
[pərtíkjulər]

🔴 **동 참가하다, 참여하다**

[part(i) 부분+cip 차지하다+ate 동접 ⇒ 일부를 차지하다] 어떤 모임이나 활동의 한 부분으로 함께하는 것은 그것에 '참가하는' 것이다.

예 **participate** in volunteer work
　봉사 활동에 참가하다

🔴 **형 특정한, 특별한**

[part(i) 부분+cul 명접+ar 형접 ⇒ 작은 부분의] 전체가 아닌 아주 작은 부분으로 한정하면 '특정한', 아주 작은 부분이 뛰어나면 '특별한' 것이 된다.

예 **particular** advantage　특별한 이점

theme 18 — path 느끼다

244 sympathy [símpəθi]

명 공감, 동정

[sym 함께+path 느끼다+y 명접 ⇒ 함께 느낌] 상대의 감정을 함께 느끼는 것을 '공감'이라고 한다.

예 feel real **sympathy** 진심으로 동정하다

245 antipathy [æntípəθi]

명 반감

[anti 대항하여+path 느끼다+y 명접 ⇒ 반대의 감정을 가짐] 상대에게 반대의 감정을 가지는 것은 그 사람에게 '반감'을 가지는 것이다.

예 feel **antipathy** to ~에게 반감을 느끼다

theme 19　pet 추구하다

[변화형 peat]

246　compete [kəmpíːt]

247　repeat [ripíːt]

🔴 동 경쟁하다, 겨루다

[com 함께+pet(e) 추구하다 ⇒ 함께 구하다] 여러 명이 함께 결승점을 찾아 달리면 그들은 같은 목표를 구하며 '경쟁하는' 것이 된다.

예 You will **compete** against the best players.
　너는 최고의 선수들과 경쟁하게 될 것이다.

🔴 동 반복하다　명 반복

[re 다시+peat 추구하다 ⇒ 다시 추구하다] 원어민 선생님이 한 말을 학생들이 다시 추구하면 선생님은 그 말을 '반복하게' 된다.

예 I'm sorry, could you **repeat** that?
　죄송하지만 다시 한번 말씀해주시겠어요?

theme 20　ped 발

248　pedestrian
[pədéstriən]

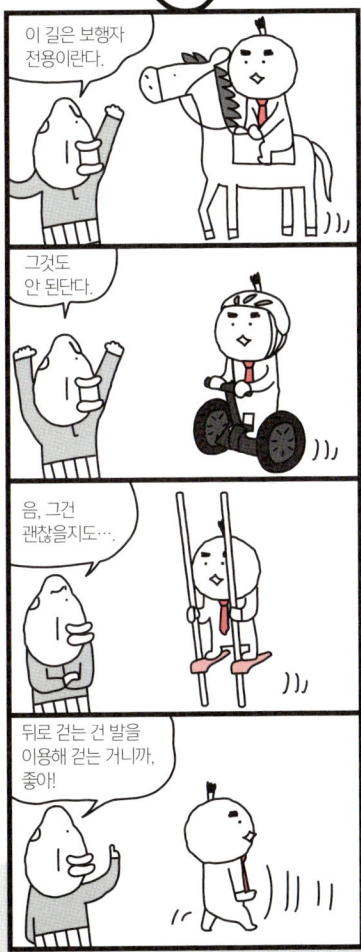

249　expedition
[èkspədíʃən]

명 보행자 형 보행자(용)의

[ped(estri) 발+an 명접 ⇒ 발로 다니는 사람] 자동차가 아닌 발로 걸어 다니는 사람을 '보행자'라고 한다.

- This path is for **pedestrians** only.
  이 길은 보행자 전용이다.

명 탐험(대), 원정(대)

[ex 밖으로+ped(i) 발+tion 명접 ⇒ 밖으로 발을 내미는 것] 자신이 살고 있는 안전한 곳에서 발을 내디뎌 밖으로 떠나는 것을 '탐험'이라고 한다.

- They went on an **expedition** to the South Pole.　그들은 남극으로 탐험하러 갔다.

theme 21   prehend 잡다

[kàmprihénd]

250 comprehend

[æprihénd]

251 apprehend

🔴 동 이해하다, 파악하다

[com 완전히+prehend 잡다 ⇒ 확실히 잡다] 애매한 개념을 머릿속에서 확실히 잡으면 그 개념을 '이해하는' 것이 된다.

예 **comprehend** the phenomenon
그 현상을 이해하다

🔴 동 체포하다

[a(p) ~으로+prehend 잡다 ⇒ 붙잡다] 범인을 붙잡는 것은 그 범인을 '체포하는' 것이다.

예 **apprehend** a thief 좀도둑을 체포하다

theme 22 preci 가치

252 precious [préʃəs]

253 appreciate [əpríːʃièit]

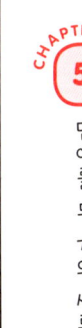

형 귀중한, 값비싼

[preci 가치+ous 형접 ⇒ 가치 있는] 가치 있는 정보는 '귀중한' 정보이다.

예) Nothing is as **precious** as time.
시간만큼 소중한 것은 없다.

동 평가하다, 감사해하다, 감상하다

골동품 등의 '가치를 알아보고 평가하다'라는 뜻이다. 다른 사람이 베풀어 준 친절의 '가치를 알고' 그 친절에 '감사해하다', 그림의 '가치를 알아보고' 그것을 '감상하다'라는 뜻으로도 쓰인다.

예) I **appreciate** your advice.
당신의 조언에 감사합니다.

theme 23 quir 구하다

[rikwáiər]
254 require

[inkwáiər]
255 inquire

동 필요로 하다, 요구하다

[re 다시+quir(e) 구하다 ⇒ 계속 구하다] 누군가를 계속해서 구하는 것은 그 사람을 '필요로 하는' 것이다.

예) **require** special treatment
특별 대우를 요구하다

동 묻다, 조사하다

[in 안에+quir(e) 구하다 ⇒ 안에 있는 것을 구하다] 상대의 마음속에 있는 답을 구하기 위해서는 그 사람에게 '물어봐야' 한다.

예) We **inquired** the way to the station.
우리는 그 역으로 가는 길을 물었다.

theme 24 sent 느끼다

256 consent [kənsént]

257 resent [rizént]

동 동의하다, 승낙하다

[con 함께+sent 느끼다 ⇒ 같은 생각을 하다] 상대의 의견에 대해 같은 생각을 가지는 것은 그 사람의 의견에 '동의하는' 것이다.

㉠ He **consented** to her.
그는 그녀에게 동의했다.

동 분개하다, 화를 내다

[re 반대의+sent 느끼다 ⇒ 반대로 느끼다] 상대의 감정과 반대로 느껴지는 감정에는 '화가 날' 수 있다.

㉠ I strongly **resent** your remarks.
나는 네 말에 정말 화가 난다.

theme 25   sum 취하다

[prizú:m]
presume

[rizú:m]
resume

🔴 추정하다, 가정하다

[pre 미리+sum(e) 취하다 ⇒ 미리 취하다] 확실한 근거를 갖기 전에 그러할 것이라고 생각을 취하는 것을 '추정하다'라고 한다.

예) **presume** his innocence
그의 무죄를 추정하다

🔴 재개하다, 다시 시작하다

[re 다시+sum(e) 취하다 ⇒ 다시 취하다] 잠시 중단했던 일을 다시 취하는 것은 그 일을 '재개하는' 것이다.

예) **resume** studying English
다시 영어 공부를 시작하다

theme 26   tect 덮다

260   protect   [prətékt]

261   detect   [ditékt]

CHAPTER 5 단어를 두 개의 세트로 외우자!

동 보호하다, 지키다

[pro 앞에+tect 덮다 ⇒ 앞에서 덮다] 위험한 상황에서 누군가의 앞에 나와 덮어주는 것은 그 사람을 '보호하는' 것이다.

예) **protect** the environment
환경을 보호하다

동 발견하다, 찾아내다

[de 부정+tect 덮다 ⇒ 덮지 않고 벗기다] 덮여 있는 것을 벗기면 그 안에 숨겨진 것을 '발견할' 수 있다.

예) **detect** a mistake   오류를 발견하다

COLUMN 09

ad를 무시하면 모든 게 보인다고?

adopt와 adapt는 철자와 발음이 매우 흡사하여 혼동하기 쉽다. 하지만 어원으로 접근하여 학습한다면 이들을 명확히 구분할 수 있다.

우선 adopt와 adapt의 ad를 무시하고 생각해 보자. adopt의 ad를 무시하면 '선택하다'라는 뜻의 opt가 남는다. 여러 가지 중에서 한 개를 '선택하면' 이는 '채택하다'라는 뜻이 된다. adapt의 ad를 무시하면 '꼭 맞는'이라는 뜻의 apt가 남는다. 이를 동사로 바꾸면 '꼭 맞는 상태로 만들다', 즉 '적응시키다'라는 뜻이 된다.

· The school adopted a new method of teaching. 그 학교는 새로운 교수법을 채택했다.
· He adapted to the new school easily. 그는 새 학교에 쉽게 적응했다.

앞에서 배운 '조절하다'라는 뜻의 adjust도 ad를 무시하면 '딱 맞는'이라는 뜻의 just가 남는다. 이를 동사로 바꾸면 '딱 맞게 하다', '조절하다', '조정하다'라는 뜻이 된다.
· I adjusted the volume on the radio. 나는 라디오의 볼륨을 조절했다.

advertisement도 ad를 무시하면 '돌다'라는 뜻의 vers(e)가 남는다. 소비자의 관심을 상품 쪽으로 돌리는 것이 바로 '광고'이다.
· The advertisement will appear in three magazines.
  그 광고는 세 개의 잡지에 실릴 것이다.

참고로 ad는 to와 같이 '~으로', '~에'라는 뜻으로, 단어의 뜻 자체에 큰 영향을 끼치는 접두사는 아니다.

COLUMN 10

쉽게 바꿔서 외워 보자
부사편

ann(년)이라는 어원에서 annul은 '매년의', annually는 '매년'이라는 뜻이다. 부사인 annually를 두 단어로 쉽게 바꾸면 every year이다.

· The jazz festival is held annually in July. 그 재즈 축제는 매년 7월에 열린다.

여러분이 '상호 간에'라는 뜻의 mutually를 두 단어로 바꾼다면 어떤 단어로 바꿀 수 있을까? 바로 each other이다. mutually = each other로 외워 보자.

· It was a mutually agreed upon decision. 그것은 상호 간에 합의된 결정이었다.

approximately(대략), currently(현재는), frequently(자주)를 살펴보자. 철자가 길고 외우기 어려울 것 같은 이 단어들도 approximately는 about으로, currently는 now로, frequently는 often으로 바꿔 쉽게 외울 수 있다.

invariably라는 단어를 하나 더 살펴보자. invariably는 「in(부정)+vari(달라지다)+able(할 수 있는)」로 구성된 invariable의 부사이다. 세월이 흐르고 상황이 바뀌어도 '달라지지 않는', 즉 '변함없이', '언제나'라는 뜻이다. always로 바꿔 쉽게 외워 보자.

CHAPTER 6

단어를 한 개씩 외우자!

Chapter 6에서는 다양한 어원 학습을 통해 연상적으로 어휘력을 향상시켜 일련의 단어를 즐겁게 학습해 보자.

Chatper6의 음원
재생 및 다운로드

theme 1 숨어 있는 단어 찾기

동 동행하다, 동반하다

'동행, 일행'이라는 뜻의 company가 숨어 있다. 콘서트 등에 친구와 동행으로 가는 것은 그 친구를 '동반하는' 것이 된다.

예 Children under 8 must be **accompanied** by an adult.
8세 미만의 어린이들은 어른을 동반해야 한다.

동 달성하다, 완수하다

'완전한'이라는 뜻의 complete가 숨어 있다. 무언가를 완성된 상태로 만드는 것을 '달성하다'라고 한다.

예 **accomplish** a goal 목표를 달성하다

[ædəlésns]

264 adolescence

🔴 명 **청소년기**

'성인'이라는 뜻의 adult가 숨어 있다. 아동에서 성인이 되어 가는 중에 거치는 시기를 '청소년기'라고 한다.

예 a troubled **adolescence** 힘든 청소년기

[à:rtəfíʃəl]

265 artificial

🔴 형 **인공적인, 인조의**

'기술'이라는 뜻의 art가 숨어 있다. 인조 잔디처럼 사람의 기술로 만들어진 것을 '인공적인'이라고 한다.

예 **artificial** intelligence 인공 지능

[æsərtéin]

[əsóuʃièit]

동 확인하다, 확정하다

'확실한'이라는 뜻의 certain이 숨어 있다. 파티의 참석 여부가 확실히 정해지면 참석자를 '확인할' 수 있다.

예 **ascertain** the truth 진실을 확인하다

동 연관시키다, 연상하다

'사회'라는 뜻의 society가 숨어 있다. 사회적으로 결부시키는 것은 '연관시키는' 것이 된다. 친구를 다른 동료와 사회적으로 결부시키는 것은 그 집단과 '연관시키는' 것이 된다.

예 **associate** blood type with character
혈액형과 성격을 연관시키다

268 audience [ɔ́ːdiəns]

명 청중, 관객

'듣다'라는 뜻의 audi가 숨어 있다. 소리를 듣는 손님이므로 콘서트나 연극 등에서 '청중'이라는 뜻으로 쓰인다.

예 The **audience** burst into laughter.
청중이 일제히 웃음을 터뜨렸다.

269 citizen [sítəzən]

명 시민

'도시'라는 뜻의 city가 숨어 있다. 도시에 사는 사람을 '시민'이라고 한다.

예 be good **citizens** 선량한 시민이 되다

[ká:nsəntrèit]

concentrate

[diráiv]

derive

🔴 집중하다, 전념하다

'중심, 중앙'이라는 뜻의 center가 숨어 있다. [come 함께+centr 중심]에서 '모두 중심으로 모으다', 즉 '집중하다'라는 뜻이 된다.

예) **concentrate** on the good
좋은 (긍정적인) 면에 집중하다

🔴 끌어내다, 얻다

'작은 강, 개울'이라는 뜻의 river가 숨어 있다. de(떨어져)와 만나서 '강과 떨어진 곳에 물을 끌어오다'에서 '끌어내다'라는 뜻이 되었다.

예) **derive** a lot of benefit from the company
그 회사에서 많은 이익을 얻다

272 embarrass [imbærəs]

동 당황하게 하다, 곤란하게 하다

'막대'라는 뜻의 bar가 숨어 있다. '길 한가운데에 막대를 놓다'에서 '당황하게 하다'라는 뜻이 되었다.

예 I'm not trying to **embarrass** you.
내가 너를 곤란하게 하려는 것은 아니다.

273 embrace [imbréis]

동 (껴)안다, 포옹하다 **명** 포옹

'팔'이라는 뜻의 brace가 숨어 있다. [em 안에+brace 팔] '두 팔 안에 넣다'에서 '껴안다'라는 뜻이 되었다.

예 **embrace** a child 아이를 껴안다

274 enormous [inɔ́ːrməs]

🅗 거대한, 막대한

'기준'이라는 뜻의 norm이 숨어 있다. '기준 밖으로 벗어난' 것은 '거대한' 것이 된다. 기준에서 벗어난 크기의 코끼리는 '거대한' 코끼리이다.

예 an **enormous** elephant 거대한 코끼리

275 evaluate [ivǽljuèit]

🅓 평가하다, 감정하다

'가치'라는 뜻의 value가 숨어 있다. 가격이나 등급 등을 이용해 가치를 밖으로 내보이는 것은 가치를 '평가하는' 것이 된다.

예 **evaluate** a new technique
   새로운 기술을 평가하다

276 flourish [fləːriʃ]

277 gradually [grǽdʒuəli]

동 번창하다, 번성하다

'꽃'이라는 뜻의 flower가 숨어 있다. '꽃이 활짝 핀다'는 의미에서 도시가 '번영하다', 일이 '번창하다'라는 뜻으로 확장되었다.

예) Her business seems to be **flourishing**.
그녀의 사업은 번창하고 있는 것 같다.

부 서서히, 점차

'단계'라는 뜻의 grade가 숨어 있다. 일을 단계적으로 진행하는 것은 '서서히' 진행하는 것이 된다.

예) The fog disappeared **gradually**.
안개가 서서히 걷혔다.

278 individual [ìndəvídʒuəl]

- 명 개인 형 개인의, 개개의

'나누다'라는 뜻의 divide가 숨어 있다. [in 부정 +divid 나누다] 그룹에서 더 이상 나눌 수 없는 단위에서 '개인'이라는 뜻이 된다.

예 protect the rights of the **individual**
개인의 권리를 보호하다

279 muscle [mʌ́sl]

- 명 근육

'작은 쥐'라는 뜻의 mouse가 숨어 있다. 두 팔의 근육이 움직일 때 마치 작은 쥐가 피부 아래에서 움직이는 것 같다는 상상에서 유래한 단어이다.

예 a man with huge **muscles**
근육이 우람한 남자

[néibər]
neighbor

[pǽsəndʒər]
passenger

명 이웃 (사람)

'가까이에, 근처에'라는 뜻의 near가 숨어 있다. '가까이 사는 사람'을 '이웃 사람'이라고 한다.

예 a **neighbor**'s cat 이웃집 고양이

명 승객, 여객

'통과하다'라는 뜻의 pass가 숨어 있다. 눈앞에서 통과하는 손님을 버스나 택시의 '승객'이라고 한다.

예 the safety of the **passengers**
   승객들의 안전

[prəlɔ́ːŋ]

[pʌ́bliʃ]

🔵 연장하다, 늘리다

'긴'이라는 뜻의 long이 숨어 있다. 시간이나 기간을 앞으로(pro) 길게 늘리는 것을 '연장하다'라고 한다.

예 **prolong** a visit 체류를 연장하다

🔵 출판하다, 공표하다

'대중, 사람들'이라는 뜻의 public이 숨어 있다. 책의 형태로 공개하는 것을 '출판하다', 기자 회견 등에서 공개하는 것을 '공표하다'라고 한다.

예 **publish** her marriage
그녀의 결혼을 공표하다

[ru:tí:n]

routine

[skálər]

scholar

명 일상, 틀에 박힌 일 **형 일상적인, 판에 박힌**

'길'이라는 뜻의 route가 숨어 있다. '정해진 길'에서 늘 하도록 정해져 있는 일, '일상'이라는 뜻이 되었다.

예 a daily **routine** 일과

명 학자

'학교'라는 뜻의 school이 숨어 있다. 옛날에는 귀족들이 교양을 쌓으며 여가 시간을 보냈던 장소가 학교였다. 그곳에 있는 귀족들이 '학자'가 되었다.

예 a great **scholar** 위대한 학자

[sékrətèri]

secretary

🔴 비서

'비밀'이라는 뜻의 secret가 숨어 있다. 사장의 비밀을 지키는 사람이 바로 '비서'이다.

예 a **secretary** to the president 사장의 비서

[sétl]

settle

🔴 진정시키다, 해결하다, 정착하다

'앉히다'라는 뜻의 seat가 숨어 있다. 화가 난 사람을 자리에 앉히는 것은 그 사람을 '진정시키는' 행동이 된다.

예 Let's **settle** our differences.
   우리의 의견 차이를 해결하자.

[spíːʃiːz]
species

[sə́ːrfis]
surface

🔴 명 (생물의) 종, 종류

'보다'라는 의미의 spec이 숨어 있다. 다양한 생물을 눈으로 보고 그 겉모습에 따라 구별하는 방법이 예전부터 사용되었다. '겉모습으로 구별할 수 있는 것'에서 '종'이라는 뜻이 되었다.

예 a new **species** of butterfly 나비의 신종

🔴 명 표면, 수면

'얼굴'이라는 뜻의 face가 숨어 있다. [sur 위에+face 얼굴] 얼굴이나 면의 가장 윗부분을 '표면'이라고 한다.

예 rise to the **surface** 표면에 떠오르다

theme 2 분해하기

290 confess [kənfés]

🔴 **자백하다, 고백하다**

[con 완전히+fess 말하다 ⇒ 모두 말하다] 자신이 지은 죄를 감추는 것 없이 모두 말하는 것을 '자백하다'라고 한다.

예) **confess** a secret 비밀을 털어놓다

291 enthusiastic [inθù:ziǽstik]

🔴 **열광적인, 열렬한**

[en 안에+thus 신+iastic 형접 ⇒ 신이 안에 들어온 듯한] 신이 마음속에 들어와 기운이 솟은 상태는 '열광적인' 상태라고 할 수 있다.

예) an **enthusiastic** supporter
열렬한 지지자

292 escape [iskéip]

동 도망가다, 탈출하다 **명** 도망, 탈출

[es 밖으로+cape 망토 ⇒ 망토 밖으로 나가다] 붙잡혔을 때 망토를 벗어 던지고 밖으로 나가는 모습에서 '도망가다'라는 뜻이 되었다.

- 예 I was able to **escape** the past.
  나는 과거에서 벗어날 수 있었다.

293 headquarters [hédkwɔːrtərz]

명 본사, 본부

quarter는 '4분의 1'이라는 뜻이므로 전체의 일부분, 즉 회사 등의 지사를 의미한다. quarter에 head(머리)가 붙으면 지사 중에서 가장 중심이 되는 '본사'라는 뜻이 된다.

- 예 work in the **headquarters**
  본사에서 일하다

294 hemisphere [hémisfiər]

295 insect [ínsekt]

명 (지구·뇌의) 반구

[hemi 반+spher(e) 영역 ⇒ 반쪽 영역] 지구의 반쪽 영역은 '남반구'나 '북반구'가 된다. 뇌의 반쪽 영역은 '우뇌'나 '좌뇌'가 된다.

예) use the right **hemisphere** 우뇌를 사용하다

명 곤충

[in 안으로+sect 자르다 ⇒ 몸이 구분되는 동물] 지렁이같이 몸에 구분선이 없는 생물을 벌레(worm), 사슴벌레같이 몸을 머리, 가슴, 배로 구분할 수 있는 생물을 '곤충'이라고 한다.

예) enjoy the songs of **insects**
곤충의 울음소리를 즐기다

동 모욕하다 명 모욕(적인 말과 행동)

[in 위로+sult 뛰어오르다 ⇒ 머리 위로 뛰어오르다] 누군가 내 머리 위쪽으로 뛰어넘는다면 그 사람은 나를 '모욕하는' 것이나 마찬가지다.

예) Don't **insult** others.
다른 사람들을 모욕하지 마.

동 투자하다

[in 안으로+vest 옷 ⇒ 안에 옷을 입히다] 원금에 옷을 더 입혀서 더 큰 돈으로 만드는 것을 '투자하다'라고 한다.

예) **invest** money into helping the poor
가난한 사람들을 돕는 데 돈을 투자하다

[áilənd]

몡 섬

[isl 물의+(l)and 땅 ⇒ 물에 둘러싸인 땅] 사방이 물로 완전히 둘러싸인 땅을 '섬'이라고 한다.

∙ an **island** of legends 전설의 섬

[lǽndmὰːrk]

몡 랜드마크, 표지물, 획기적인 사건

[land 땅+mark 표시 ⇒ 땅의 표식이 될 만한 것] 어떤 지역의 표식이 될 만한 '표지물'이나 어떤 시대의 표식이 될 만한 '획기적인 사건'을 뜻한다.

∙ His discovery was a **landmark** in the history. 그의 발견은 역사상 획기적인 사건이었다.

[máilstoun]
milestone

[rimá:rkəbl]
remarkable

🔴 명 이정표, 획기적인 사건

[mile 마일+stone 돌 ⇒ 1마일 거리에 놓아둔 돌] 표지판이 없던 옛날에는 1마일마다 돌에 방향과 거리를 새겨 '이정표'처럼 사용했다. 후에 이정표에 새길 만큼 '획기적인 사건'이라는 뜻으로 확장되었다.

예 This was a **milestone** in human history.
이것은 인류 역사상 획기적인 사건이었다.

🔴 형 주목할 만한, 놀랄 만한

[re 다시+mark 표시+able 형접 ⇒ 반복해서 표시할 만한] 책에 몇 번이고 표시할 만한 내용은 '주목할 만한' 내용일 것이다.

예 a **remarkable** achievement
놀랄 만한 업적

🔴 **동 제거하다, 없애다**

[re 뒤로+mov(e) 움직이다 ⇒ 뒤로 움직이다] 식기에 묻은 얼룩을 뒤로 움직이는 것은 원래 상태로 되돌리는 것으로, 즉 얼룩을 '제거하는' 것이 된다.

예 **remove** a lot of stains 많은 얼룩을 제거하다

🔴 **명 초고층 건물**

[sky 하늘+scrape 긁다+(e)r 명접 ⇒ 하늘을 긁는 것] 하늘을 긁을 정도로 높이 지어진 건물을 '초고층 건물'이라고 한다.

예 a modern **skyscraper** 현대적인 초고층 건물

304 stereotype [stériətàip]

명 고정 관념

[stereo 단단한+type 판 ⇒ 단단한 판에 새긴 것]
원래는 인쇄할 때 사용하는 '활자판'을 의미했으나 판으로 찍어낸 듯한 똑같은 생각에서 '고정 관념'이라는 뜻이 되었다.

예 Don't put **stereotypes** on others.
　다른 사람들에 대한 고정 관념을 갖지 마.

305 stimulate [stímjulèit]

동 자극하다, 촉진하다

어원은 [sti(mul) 막대기+ate 사용하다]이다. 막대기를 사용해 찌르는 것에서 '자극하다'라는 뜻이 되었다.

예 **stimulate** a child's imagination
　아이의 상상력을 자극하다

theme 3 역사 펼쳐 보기

306 architect [ά:rkətèkt]

명 건축가

고대 그리스에서 나라를 만들어 가는 사업에 '최고의 기술자'라 불리는 architekton을 임명했다. 그 사업은 주로 건축업으로, architekton은 '최고의 건축가'를 의미하게 되었고 후에 architect(건축가)가 되었다.

예 be interested in becoming an **architect**
건축가가 되는 것에 관심이 있다

307 board [bɔːrd]

동 탑승하다 명 판자, 게시판, 위원회

오래전부터 열차, 버스, 배, 비행기 등 탈것은 모두 board(나무판자) 위에 타는 이미지가 강해서 board는 '탑승하다'라는 뜻이 되었다. 명사로 쓰이면 on board는 '탑승하여, 승선하여'라는 뜻이 된다.

예 **board** a flight to Spain
스페인행 비행기에 탑승하다

[braib]
bribe

[kǽlkjulèit]
calculate

🔴 명 뇌물 🔴 동 뇌물을 주다

유럽에서 빵이 매우 귀했던 시절, 죄수가 빵 조각을 교도관에게 슬쩍 건네준 데서 '뇌물'이라는 뜻이 되었다.

예 refuse a **bribe** 뇌물을 거절하다

🔴 동 계산하다

고대 로마 시대에 조약돌을 사용하여 계산한 데서 유래했다. 이때 조약돌을 뜻하는 calculus가 현재의 calculate로 변화한 것이다.

예 I am good at **calculating**.
나는 계산을 잘한다.

310 candidate [kǽndidèit]

명 입후보자, 지원자

[candid 하얀+ate 사람 ⇒ 하얀 옷을 입는 사람] 고대 로마 시대의 공직 후보자들이 청렴한 인상을 주기 위해 하얀색 옷을 입고 선거 활동을 한 데서 유래되었다.

예 support a new **candidate**
새 입후보자를 지지하다

311 consider [kənsídər]

동 고려하다, 숙고하다

원래 점성술 용어로, '별을 신중하게 관찰하여 운세를 판단하다'에서 '고려하다'라는 뜻이 되었다.

예 I'll **consider** your idea.
내가 네 아이디어를 고려해 볼게.

312 crucial [krúːʃəl]

형 결정적인, 매우 중요한

cross(십자가)와 어원이 같다. 십자가는 기독교권에서 매우 중요한 것이므로 crucial(매우 중요한)이라는 뜻이 되었다.

예 a **crucial** moment 결정적인 순간

313 dinosaur [dáinəsɔ̀ːr]

명 공룡

어원은 '무서운 도마뱀'이다. 공룡의 겉모습을 보아 도마뱀과 같은 파충류의 선조라고 처음에는 생각했으나 사실 공룡은 조류의 선조라는 가설이 있다고 한다.

예 one of the largest **dinosaurs**
가장 큰 공룡 중 하나

[ilektrísəti]
electricity

 동 [éstəmèit] 명 [éstəmət]
estimate

🔴 **명 전기, 전류**

그리스어로 보석인 '호박'을 뜻하는 elektron에서 유래한 것으로, 이 보석을 마찰하면 정전기가 발생했다고 한다. 참고로 호박은 나무 수액이 돌처럼 굳은 황금색의 투명한 보석이다.

예 run on **electricity** 전기로 움직이다

🔴 **동 견적을 내다, 추정하다** 명 **견적(서)**

옛날에는 커다란 구리를 잘라 나누어 화폐를 주조했다. 이때 구리를 같은 단위와 크기가 되도록 '견적하는' 일을 한데서 유래한 단어이다.

예 **estimate** the value 가치를 어림잡다

[fláiər]
flyer

🟢 **명 전단지**

옛날에는 광고나 선전을 할 때 비행기에서 전단지를 뿌렸다. '날리는 것'에서 '전단지'라는 뜻이 되었다.

📌 the coupon from this **flyer**
　이 전단지에서 얻은 쿠폰

[fræŋk]
frank

🟢 **형 솔직한**

5세기 정도에 프랑크 왕국을 건국한 프랑크인이 이 단어의 유래이다. 프랑크 왕국에서는 프랑크인만이 자유로운 의견을 말할 수 있었기 때문에 frank가 '솔직한'이라는 뜻이 되었다.

📌 a **frank** opinion　솔직한 의견

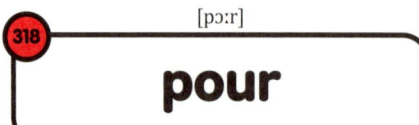
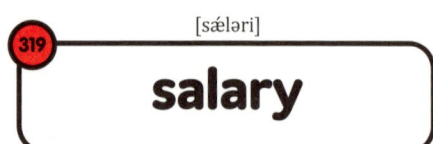

[pɔːr]
pour

[sæləri]
salary

동 붓다, 따르다

어원은 pure(쏟아부어 깨끗하게 하다)이다. 고대부터 무언가를 깨끗하게 닦을 때 물을 부어 닦았던 것에서 pure(깨끗하게 하다)가 pour(붓다)가 되었다.

예 **pour** water on flowers 꽃에 물을 붓다

명 급여, 봉급

어원은 '소금을 살 돈'이다. 고대 로마 시대의 병사는 당시 필수품인 소금을 살 수 있는 돈을 지급 받았는데 이 돈이 오늘날 '급여'라는 뜻이 되었다.

예 an annual **salary** of $40,000
4만 달러의 연봉

COLUMN 11
쉽게 바꿔서 외워 보자
명사편

venue와 itinerary를 먼저 소개하겠다. venue를 사전에서 찾으면 '개최지', '발생지', '장소'라는 뜻을 알 수 있다. place와 같은 뜻을 지닌 단어이다. place는 많은 학습자들에게 익숙한 단어일 테니 앞으로 venue를 보면 "아, place와 같은 뜻을 지닌 단어구나!"라고 생각하면 될 것 같다.

참고로 venue는 '장소' 중에서도 '콘서트나 스포츠 경기, 회의 등의 개최지'를 의미한다.

다음으로 itinerary는 사전에 '여정'이라는 뜻으로 나와 있다. 우리말로도 그 뜻이 쉽게 와닿지 않는, 아주 낯선 단어일 것이다. 하지만 itinerary를 travel plan으로 바꾸어 외운다면? "아, travel plan과 같은 뜻을 지닌 단어구나!"라고 당황하는 것 없이 바로 그 뜻을 말할 수 있을 것이다.

그 밖에도 aid는 help와 같은 뜻을 지닌 단어이다. aid는 신문 등 공적인 매체에서 자주 쓰인다. symptom(징후, 증상) 같이 어려운 단어도 bad sign과 같은 뜻이라고 생각하면 외우기가 좀 더 쉬울 것이다.

theme 4 발음으로 외워 보기

320 bump [bʌmp]

동 부딪치다, 충돌하다

자동차에는 '부딪칠(bump)' 때 충격을 줄이기 위한 장치인 범퍼(bumper)가 달려 있다.

예 **bump** into a wall 벽에 부딪치다

321 digest **동** [didʒést] **명** [dáidʒest]

동 소화하다 **명** 요약(문), 다이제스트

스포츠 뉴스 등의 '다이제스트'는 주요 내용을 '소화하기' 쉽도록, 즉 완전히 이해할 수 있도록 간결하게 추려 낸 것을 뜻한다.

예 The food is easy to **digest**.
그 음식은 소화되기 쉽다.

322 guarantee [gærəntíː]

🔴 동 보증하다, 보장하다 명 보증(서)

개런티는 텔레비전 등에 출연할 때 계약에 따라 받는 보증금으로, '출연료'를 뜻한다.

예) **guarantee** freedom of speech
언론의 자유를 보장하다

323 launch [lɔːntʃ]

🔴 동 발사하다 명 발사

런처(launcher)는 로켓이나 미사일 등이 '발사(launch)'될 수 있도록 해주는 장치를 뜻한다.

예) **launch** a satellite 인공위성을 발사하다

명 **세탁소, 세탁물, 세탁**

코인 론드리(coin laundry)는 동전을 넣고 이용하는 '세탁소'를 뜻한다.

예 do the **laundry** 세탁하다

형 **느슨한, 헐렁한**

루즈 삭스(loose socks)는 '헐렁한' 양말을 뜻한다. '루스하다'는 루스에서 나온 말로, 행동이나 태도가 절제가 없거나 긴장이 풀려 있음을 뜻한다.

예 a **loose**-fitting sweater 헐렁한 스웨터

326 lure [luər]

명 매력, 유혹, (낚시용) 미끼

루어는 낚시할 때 물고기를 유혹하는 '인공 미끼'를 뜻한다.

예 the **lure** of adventure 모험의 매력

327 permanent [pə́ːrmənənt]

형 (반)영구적인, 오래 지속되는 명 파마

우리가 말하는 파마(perm, permanent)를 하는 것은 머리에 영구적으로(permanent) 모양을 내는 것을 뜻한다.

예 **permanent** teeth 영구치

priority [prɑiɔ́:rəti]

명 우선(권), 우선 사항

우대석(priority seat)은 노약자나 임신부가 우선(priority)적으로 앉을 수 있도록 마련한 좌석을 뜻한다.

예) top **priorities** 최우선 사항

puzzle [pʌ́zl]

동 당황스럽게 하다, 어리둥절하게 하다

퍼즐 게임의 '퍼즐'은 '골치 아프게 하는 것'을 뜻한다.

예) Her attitude **puzzled** me.
그녀의 태도가 나를 당황스럽게 했다.

330 **remote** [rimóut]

🔴 멀리 떨어진, 외딴

리모컨은 remote control의 줄인 말로, '멀리 떨어져 (remote) 있는' 기기나 기계류를 조절하는 장치를 뜻한다.

예 explore **remote** areas 외딴 지역을 탐험하다

331 **seed** [si:d]

🔴 씨를 뿌리다   🔴 씨, 종자, 시드 선수

토너먼트 경기에서 '시드'는 마치 파종할 때처럼 유력한 선수를 예선전에서부터 맞붙지 않게 대진표를 짜는 것을 뜻한다.

예 Flowers produce **seeds**. 꽃은 종자를 낳는다.

332 stain [stein]

명 얼룩

스테인리스(stainless) 식기는 '얼룩(stain)'이 남지 않는 식기를 뜻한다.

예) clean up the **stain** 얼룩을 지우다

333 wipe [waip]

동 닦다, 닦아 내다

자동차의 와이퍼(wiper)는 앞 유리에 들이치는 빗방울 등을 '닦아 내는(wipe)' 장치를 뜻한다.

예) **wipe** my hands with a towel
수건으로 손을 닦다

INDEX

찾아보기

A

abnormal	P.102
absent	P.103
abstract	P.95
abuse	P.102
accompany	P.176
accomplish	P.176
accustom	P.151
adjust	P.158
adolescence	P.177
adopt	P.161
advertise	P.136
advocate	P.36
affirm	P.154
affluent	P.119
agriculture	P.29
ambiguous	P.106
ambition	P.107
ambulance	P.106
amount	P.160
anniversary	P.146
annual	P.146
antipathy	P.163
appreciate	P.167
apprehend	P.166
architect	P.198
artificial	P.177
ascertain	P.178
assistant	P.108
associate	P.178
attract	P.94
audience	P.179
autobiography	P.111
automatic	P.110
automobile	P.110

B

bankrupt	P.98

board	P.198
bribe	P.199
broadcast	P.147
bump	P.206

(C)

calculate	P.199
candidate	P.200
citizen	P.179
clarify	P.148
coexist	P.53
collaborate	P.123
colony	P.29
comfortable	P.104
committee	P.153
company	P.52
compete	P.164
comprehend	P.166
concentrate	P.180
conclude	P.113
confess	P.190
confine	P.31
confirm	P.154
conform	P.81
confuse	P.157
congress	P.121
consent	P.169
consider	P.200
conspire	P.17
contract	P.95
contradict	P.27
controversy	P.136
converse	P.137
cooperate	P.53
corrupt	P.98
coworker	P.52
crucial	P.201
cultivate	P.28
culture	P.28
customer	P.151

(D)

declare	P.148
decline	P.58
decrease	P.58
deepen	P.78
define	P.30
depend	P.84
deposit	P.59
depress	P.93

derive	P.180
describe	P.86
designate	P.126
despise	P.59
detect	P.171
develop	P.134
devise	P.138
dictate	P.26
dictionary	P.26
digest	P.206
diminish	P.159
dinosaur	P.201
disappear	P.70
disaster	P.71
discard	P.72
disclose	P.149
discourage	P.150
discover	P.70
disease	P.71
dismiss	P.72
dispose	P.89
distance	P.22
distract	P.94
domestic	P.152
dominate	P.152

E

elaborate	P.122
electricity	P.202
embarrass	P.181
embrace	P.181
emerge	P.55
emit	P.55
employee	P.153
enable	P.73
enclose	P.149
encourage	P.150
endanger	P.74
enforce	P.156
enlarge	P.73
enormous	P.182
enrich	P.74
enthusiastic	P.190
envelope	P.134
equal	P.116
equator	P.116
equivalent	P.117
erupt	P.99
escape	P.191
establish	P.23

estimate	P.202
evacuate	P.133
evaluate	P.182
evolve	P.140
exceed	P.97
exclude	P.112
exercise	P.54
exist	P.129
exit	P.54
expect	P.18
expedition	P.165
expend	P.85
expire	P.17
export	P.42
expose	P.88
express	P.92

(F)

fasten	P.79
fine	P.30
flexible	P.155
flourish	P.183
fluently	P.118
flyer	P.203
forecast	P.147

frank	P.203
frighten	P.79

(G)

gradually	P.183
guarantee	P.207

(H)

headquarters	P.191
hemisphere	P.192

(I)

immediate	P.25
import	P.42
impose	P.89
impress	P.92
imprison	P.49
incline	P.49
include	P.112
income	P.48
independent	P.84
individual	P.184
infinite	P.31
influence	P.118

inform	P.80	landmark	P.194
inject	P.83	launch	P.207
innovation	P.34	laundry	P.208
inquire	P.168	loose	P.208
insect	P.192	lure	P.209
insight	P.48		
inspect	P.19	**(M)**	
inspire	P.16	manage	P.40
insult	P.193	manifest	P.41
interact	P.63	manipulate	P.41
interfere	P.62	manufacture	P.40
interpret	P.62	manuscript	P.87
interrupt	P.99	medieval	P.24
interview	P.63	Mediterranean	P.24
introduce	P.115	medium	P.25
invest	P.193	milestone	P.195
involve	P.140	minister	P.159
island	P.194	monarch	P.66
		monk	P.67
(J)		monopoly	P.67
justice	P.158	monotone	P.66
		muscle	P.184

(L)

laboratory — P.122

(N)

neighbor	P.185
novel	P.34
novice	P.35

(O)

object	P.83
obstacle	P.23
opportunity	P.44
oppose	P.90
option	P.161

(P)

participant	P.108
participate	P.162
particular	P.162
passenger	P.185
pedestrian	P.165
permanent	P.209
persist	P.128
perspective	P.20
postpone	P.90
pour	P.204
precious	P.167
predict	P.27
prejudice	P.50
prescribe	P.86
president	P.50
presume	P.170
primary	P.38
primitive	P.38
prince	P.39
principal	P.39
priority	P.210
proceed	P.96
produce	P.114
professor	P.51
progress	P.120
project	P.82
prolong	P.186
promote	P.51
propose	P.88
prospect	P.19
protect	P.171
provoke	P.37
publish	P.186
puzzle	P.210

R

recede	P.96
reduce	P.114
reflect	P.155
reform	P.81
refuse	P.157
regress	P.120
reinforce	P.156
reject	P.82
reliable	P.104
remarkable	P.195
remind	P.57
remote	P.211
remove	P.196
renovation	P.35
repair	P.57
repeat	P.164
report	P.43
require	P.168
resent	P.169
resist	P.128
respect	P.18
restore	P.56
resume	P.170
return	P.56
reveal	P.135
revise	P.138
revive	P.32
revolve	P.141
routine	P.187

S

salary	P.204
scholar	P.187
secretary	P.188
seed	P.211
servant	P.109
settle	P.188
signature	P.127
significant	P.126
skyscraper	P.196
species	P.189
spectator	P.20
spirit	P.16
stable	P.22
stain	P.212
stereotype	P.197
stimulate	P.197
submit	P.130

subordinate — P.131
subscribe — P.87
subway — P.130
succeed — P.97
supervise — P.139
support — P.44
suppress — P.93
surface — P.189
surmount — P.160
survive — P.32
suspend — P.85
sympathy — P.163

(T)

transfer — P.60
transform — P.80
transition — P.61
translate — P.60
transmit — P.61
transport — P.43
tribe — P.69
tribute — P.69
triumph — P.68
trivial — P.68

(U)

uniform — P.65
unique — P.64
unite — P.65
university — P.64

(V)

vacant — P.132
vacation — P.132
vigorous — P.33
visible — P.105
vivid — P.33
vocabulary — P.36
vocation — P.37

(W)

widen — P.78
wipe — P.212

마무리하며

　먼저 이 책을 끝까지 읽어 주신 학습자 한 분 한 분께 깊은 감사의 말씀을 올린다.

　정말 힘든 영어 단어 공부를 '어떻게 하면 즐겁고 쉽게 학습할 수 있을까'가 이 책의 가장 큰 주제였다. 그래서 의미 없는 단어를 나열하는 것이 아니라 단어 하나하나가 실제 영어를 공부하는 데 도움이 되고 사용할 수 있는 것으로 모아 엮었다.

　그리고 단어 하나하나에 이야기가 있다는 것. 사람은 아주 오래전부터 단순히 사실을 나열한 것보다 '이야기'에 더 큰 흥미를 느껴왔다. 이 책에서는 단어를 이야기로 풀어 보았다.

중·고등학교에서 중간고사, 기말고사를 보거나 대학 입시, TOEIC, 영어 자격증 시험, 일상 회화, 비즈니스 등 언젠가 다양한 분야에서 영어를 필요로 할 것이다. 그때가 온다면 이 책에 실린 필수 어원을 암기하기 위한 333개의 단어가 분명 여러분에게 큰 힘이 되어 줄 것이다.

필수 어원을 만화로 잡는
4컷 영단어

초판 6쇄 인쇄 2025년 10월 26일
초판 1쇄 발행 2023년 7월 25일

지은이 하지이 가쿠
펴낸곳 도서출판 THE북

출판등록 제2019-000021호 (2019년 2월 15일)
주소 서울특별시 영등포구 양평로12가길 14 310호
전화 (02)2069-0116
이메일 thebook-company@naver.com

마케팅 ㈜더북앤컴퍼니

값은 뒤표지에 있습니다.
ISBN 979-11-976185-8-1

• 잘못 만들어진 책은 구입한 곳에서 바꾸어 드립니다.
• 이 책은 저작권법에 의해 보호를 받는 저작물로, 서면을 통한 출판권자의 허락 없이 내용의 전부 또는 일부를 사용할 수 없습니다.

이 도서의 국립중앙도서관 출판예정도서목록(CIP)은 서지정보유통지원시스템 홈페이지(http://seoji.nl.go.kr)와 국가자료종합목록 구축시스템(http://kolis-net.nl.go.kr)에서 이용하실 수 있습니다.
(CIP제어번호 : CIP2020000006)